탄생 100주년 잊지 못할 100장면
그리운 박정희

탄생 100주년 잊지 못할 100장면

그리운

100대 화보 100대 어록

박정희

朴正熙 정신을 되살려야
대한민국이 산다

《월간조선》은 지난 2017년 4월 창간기념호 부록으로 《그리운
박정희 - 100대 화보 100대 어록》을 내놓았습니다. 박정희 대통령
탄생 100주년이라는 콘셉트에 맞춰 만든 이 책은 독자들로부터 많
은 호평을 받았고, 단행본으로 다시 출간됐습니다.

그로부터 3년여가 흘렀습니다. 그사이에 많은 변화가 있었습니
다. 무엇보다도 큰 변화는 박정희 대통령의 따님인 박근혜 대통령
이 '탄핵'으로 물러나고 문재인 정권이 들어선 것이겠지요. 집권세
력은 이 정변(政變)을 '촛불혁명'이라고 미화합니다. 하지만 그 '촛
불혁명'이 어떤 것인지는 국민들이 생생하게 목도하고 있습니다.

나라가 이렇게 어지러워져서일까요? 최근 이 책을 찾는 독자들

이 다시 늘어나고 있습니다. 이 책의 재판(再版)을 내는 것도 그래서입니다.

《그리운 박정희 - 100대 화보 100대 어록》은 글자 그대로 박정희 대통령의 생애를 사진과 어록으로 돌아보는 책입니다. 아마 많은 독자분이 이 책을 보시면서 '맞아, 그때 이런 일들이 있었지' '그때 우리가 이렇게 살았지'라며 고개를 끄덕이실 겁니다.

사진들을 보면 '인간 박정희'의 다양한 모습들이 나타납니다. 5·16 직후 군복 차림으로 서울시청 앞에 모습을 드러냈을 때의 사진에서는 물론이고 육군 대령 시절, 대구사범 시절, 심지어는 구미초등학교 시절의 사진에서도 평생 하나의 목표를 향해 중단 없이 전진했던 그분의 굳은 의지가 그대로 드러나 있습니다. 하지만 1969년 한독시범농장에서 젖소를 만지며 즐거워하거나 머리끈을 동여매고 추수를 하는 박정희 대통령의 모습을 보면 영락없는 농군입니다. 정수직업훈련원을 찾아 훈련생들을 바라보는 박 대통령의 얼굴에는 산업역군이 되겠다고 나선 소년들을 대견하게 여기는 아버지의 흐뭇함이 엿보입니다. 사진 옆에는 상세한 설명을 붙여 박정희 대통령의 삶과 그의 시대를 돌아보는 데 부족함이 없도록 했습니다.

박정희 대통령의 어록들을 보면, 지금부터 사오십 년 전에 한 애기들인데도 지금의 현실을 연상케 하는 애기들이 많아서 깜짝깜짝 놀랄 정도입니다.

• "사회의 불의(不義)를 절차와 법에 의하지 아니하고, 시민의 감정으로 시정해보겠다는 조급성은 또 새로운 불의를 가져온다는 것을 명심해야 한다."

• "자유는 그것을 위해 투쟁하는 자만이 누릴 수 있는 것이며, 평화는 그것을 지킬 수 있는 자의 것이다."

• "통일을 안 했으면 안 했지, 우리는 공산식으로 통일은 못 하겠다. 통일이 된 연후에 북한 땅에다 자유민주주의의 씨를 심을 수 있는 민주적 통일을 하자는 것이다."

• "어떤 사람은 자기가 대통령에 당선되면 큰 잔치를 베풀고 금시 국민을 호강시켜줄 것같이 말하고 있지만, 그것은 다 하루 잘 먹고 아흐레는 굶어도 좋다는 생각을 하는 사람들의 말이다."

• "입으로만 애국하는 사람이 너무 많은 사회는 곤란한 사회이다."

박정희 대통령은 1967년 12월 해외 공관장들에게 보내는 편지에서는 이렇게 말했습니다.

"우리는 가난한 조국의 현실을 우리 조상의 잘못이라고 원망한 때가 있었다. 그러나 이제 우리는 우리의 조상을 원망하기에 앞서 우리 후손들에게 우리 자신이 원망 듣는 조상이 되지 않아야 할 것이다.”

하지만 지금 사회 각 분야에서 대한민국의 중추적 역할을 하고 있는 세대는 자칫 잘못하면 '후손들에게 원망 듣는 조상이 될 수도 있겠다'는 생각을 하면 모골이 송연해집니다. 하지만 박정희 대통령은 또 이렇게 말했습니다.

“우리가 진실로 두려워해야 하는 것은 목전의 시련과 고난이 아니며, 시련과 고난 앞에 굴복하는 실의(失意)와 체념인 것이다.”(1964년 3월 14일 근로자의 날 메시지)

그런 정신으로 다시금 무장할 때 자유대한민국은 지금의 시련과 고난을 극복해낼 수 있으리라고 믿습니다.

월간조선
배진영

제1부

금오산의 대기大器 (1917~1961)

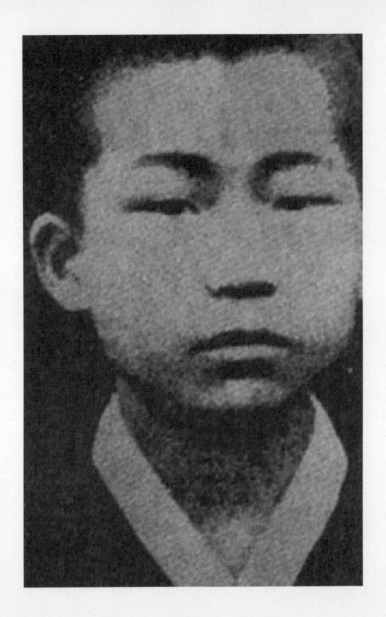

"나는 1917년 음력 9월 30일, 양력으로는 11월 14일 경상북도 선산군 구미면 상모동에서 태어났다. 당시 아버지는 46세, 어머니는 45세였으며 7남매 5형제의 막내둥이로 태어났다. 어머니는 만산(晩産)에 딸과 같은 해에 임신을 했다고 해서 매우 쑥스러워하셨다고 하며 나를 낳으면 이불에 싸서 부엌에 갖다 버리려고 했다고 가끔 농담을 하셨다."

박 대통령은 청와대 출입기자였다가 대통령 공보비서관이 된 김종신씨의 요청으로 이와 같은 글을 직접 썼다. 근대화의 국부(國父) 박 대통령은 이렇게 초라한 집안에서 태어났지만 나라를 재건축한다.

001

"어느 늦은 봄날이었다. 보통학교 2~3학년 시절이라고 기억이 난다. 20리 시골길을 왕복하니 배도 고프고 봄날이라 노곤하기 그지 없었다. 부엌에서 어머니께서 혼자 커다란 바가지에 나물밥을 비벼서 드시려다가 '이제 오느냐! 배가 얼마나 고프겠냐' 하시며 같이 먹자 하시기에 같이 먹었다. 보리가 절반 이상 섞인 밥에 비름나물과 참기름을 넣고 비빈 맛은 잊을 수가 없다."

박정희 대통령의 구미초등학교 졸업사진이다. 뒤에서 두 번째 줄 오른쪽 끝이 박 대통령이다.

002

1932년 4월 8일 대구사범학교에 입학하여 5년간 수학한 뒤에 1937년 3월 25일 졸업했다. 입학할 때는 100명 중 51등이었으나 5학년 때는 70명 중 69등이었다.

대구사범 5년은 박정희의 만 15세에서 20세에 걸친 인격형성기였다. 그 시기 평생 동안 소용이 될 인맥의 그물이 만들어졌다. 교련주임 아리카와 중좌, 조선어 교사 김영기, 한문 교사 염정권, 김우중 대우그룹 전 회장의 선친 김용하, 서정귀 전 호남정유 회장, 전 문화방송사 사장 황용주, 전 경북교육감 이성조 등이 그들이다.

대구사범 재학 시절 박 대통령이 어머니와 함께 찍은 사진이다. 1920년 개교한 구미보통학교는 1932년 박정희가 대구사범에 입학할 때까지 단 한 명의 합격자도 내지 못했다.

003

아! 금강산 일만이천봉. 너는 세계의 명산(名山). 아! 네 몸은 아름답고 삼엄함으로 천하에 일흠을 떨치는데 다 같은 삼천리 강산에 사는 우리들은 이같이 헐벗었으니 묵언(默言). 너에 대하여 머리를 들 수 없다. 금강산아 우리도 분투하야 너와 함께 천하에 찬란하게.

– 온정리에서 정희 씀

박정희가 대구사범 3학년 때 금강산을 여행하면서 해금강에서 찍은 사진이다. 위의 글은 그가 금강산을 여행하면서 쓴 것으로 그의 친필로는 가장 오래된 것이다. 이미 나라를 구해보겠다는 구국(救國)의 웅지(雄志)가 엿보인다.

004

대자연

정원에 피어난
아름다운 장미꽃보다도
황야의 한구석에 수줍게 피어 있는
이름 없는 한 송이 들꽃이
보다 기품있고 아름답다.
아름답게 장식한 귀부인보다도
명예의 노예가 된 영웅보다도
태양을 등지고 대지를 일구는 농부가 보다
고귀하고 아름답다.
하루를 지내더라도 저 태양처럼
하룻밤을 살더라도 저 파도처럼
느긋하게 한가하게
가는 날을 보내고 오는 날을 맞고 싶다.

대구사범 5학년 때인 1936년 발간된《교우회지》
4호에 실린 박정희의 시다.

　박정희는 화가였으며 시인이었으며 작사자였으며
조선시대 500년을 관통한 사농공상(士農工商) 서열
을 극도로 혐오했다. 그 심리의 일단이 시에 보인다.
　사진의 맨 오른쪽이 박정희다. 그는 세계에서 가장
가난한 나라 대한민국의 얼을 일깨우는 나팔수였다.
거기에 맞춰 잠자던 한민족은 굉음을 울리며 역사 속
에 등장한다.

500

1939년 어느 토요일 오후였다. 당시 6학년이던 정순옥 학생과 4명의 여학생이 하숙집으로 박정희를 찾아가 "선생님 놀러 가요"라며 졸랐다. 학생들과 함께 학교 앞 잣밭산에 왔을 때 벚꽃이 한창이었다. 돈을 깎아주겠다는 사진사의 말에 기념사진을 촬영했다.

언론인 조갑제는 박정희를 위대한 교사라고 했다. 그 교사의 지도 아래 대한민국은 박정희가 지도한 작품으로 변하기 시작했다.

906

"어느 날 동생 편에 박 선생님께서 학교를 그만두시고 떠나신다는 말을 듣고 너무나 섭섭하여 선생님을 뵈러 학교에 갔습니다. 선생님은 어디로 가신다는 말씀은 안 하시고 가서 편지를 해주겠다고만 말씀하셨습니다. 선생님은 '너희에게 꼭 부탁할 말은 공부 잘하여 씩씩하고 굳센 조선 여성이 되어달라는 것이다'라고 하셨습니다."

박정희는 악기 연주에 소질이 있었다. 종종 동료 교사들과 공연을 했다. 가운데 점선 안이 박 대통령이다.

"3월 하순에 구미역 북행선 플랫
폼에서 어머니와 헤어졌다. 칠순
나이의 어머니가 박정희의 옷자락
을 붙들면서 '늙은 어미를 두고 왜
그 먼 곳에 가려고 하느냐?'고 했
다. 노안에 눈물이 맺히는 것을 뒤
로하고 박정희는 기차에 올랐다.
박정희가 뒤돌아보니 어머니는 흰
옷 그림자가 보이지 않을 때까지
손을 흔들고 있었다."

박정희는 1940년 4월에 만주
제국 육군군관학교 제2기생으로
입교했다. 박정희가 발길을 내디
딘 당시의 만주는 '동양(東洋)의
서부(西部)'였다. 야망에 불타는
군인과 관료, 만철 조사부와 같은
세계 최대의 두뇌집단을 비롯, 관
동군-만주군-팔로군-장개석군-
마적-김일성계 빨치산-첩자-아편
밀매자 같은 군상이 나름 꿈을 펴
려고 좌충우돌하고 있었다.

사진은 박정희가 만주군관학교
졸업식에서 우등상을 받는 장면이
다. 이 사진은 1942년 3월 24일
자《만주일보》에 실렸다.

만주군관학교 2기 졸업생 가운데 성적이 우수한 11명의 조선인 생도가 일본 육사로 유학을 갔다. 그중 한 명이 5·16거사 때 박정희를 필사적으로 저지하려 했던 이한림이다. 사진은 일본 육사생도 3학년 때의 박정희다. 박정희는 광복 후인 1946년 9월 24일 육사의 전신인 조선경비사관학교 제2기생으로 입교했다. 같은 2기 출신인 박중근은 이렇게 증언했다.

"박정희를 비롯한 엘리트 그룹은 '우리나라의 군사적 독립'이라는 뚜렷한 목표로 뭉쳐 있었다. 이런 사람들이 3분의 1, 나머지 3분의 1은 보통 사람들, 그 나머지 3분의 1은 심하게 말해서 무식한 사람들이었다."

600

박정희에게 위기가 다가오고 있었다. 그의 좌익사상을 의심한 숙군(肅軍)수사였다. 그때 박정희는 애정 전선에도 암운이 드리워 있었다. 이화여대 출신의 이현란(사진 앞줄 맨 왼쪽)은 한사코 그를 떠나려 했다. 혹독한 숙군수사를 받고 나온 직후, 사진에 보이는 박정희는 병색이 완연한 초췌한 모습이다. 그 위기의 소용돌이 속에서 그를 살려낸 이가 김일성이다. 6·25는 박정희에겐 구명의 동아줄이었다.

$$010$$

그런 그를 구해준 이가 두 명 있다. 한 명은 백선엽 장군이다. 그는 숙군수사 때 박정희를 구명해 줬다. 또 한 명은 박정희 대통령의 야당을 자처했던 육영수(陸英修) 여사다. 육 여사의 선친 육종관은 이 볼품없는 장교와의 결혼을 한사코 반대해 결혼식에도 오지 않았다.

1950년 12월 12일 대구 계산동 천주교 성당에서 두 사람은 백년가약을 맺었다. 바야흐로 공산당이라는 족쇄에서 벗어난 박정희는 대하(大河)를 향해 행진하게 된다.

011

6·25가 한창이던 1951년 두 사람은 포연(砲煙) 속에서 사랑의 밀어를 속삭인다. 그해 4월 벚꽃이 한창 피던 강릉 경포대에서 부부가 데이트를 즐기고 있다.

1953년 여름 박정희 가족은 서울로 이사 왔다. 동숭동의 방이 둘인 셋집이었다. 문지방이 높았던 이 집은 막 걸음마를 시작한 딸 근혜에게 시련을 줬다. 수시로 발이 걸려 넘어지는 바람에 이마가 성할 날이 없었다. 박정희는 술에 취해 문을 두드릴 때면 다정하게 "영수! 문 열어"라고 했다고 한다.

012

이용문과 박정희는 서로의 품을 아는 사이였다. 당시 육본 작전국장이었던 이용문이 이임식에서 박정희와 단둘이서 포즈를 취했다. 박정희보다 한 살 위인 이용문은 전설적인 인물이었다. 1934년 4월 일본 육군사관학교에 진학했으며 1937년 12월 제50기생으로 일본 육사를 졸업하고, 소위로 임관돼 도쿄 주둔 제1기병연대에 배속되었다. 이후 부대 이동으로 만주의 손오기지(孫嗚基地)에 파견되었다.

1939년 중위로 진급한 후 도쿄의 기병학교에서 10개월간 교육을 받았으며, 1940년 북만주 카이펑(開封)에서 수비대장으로 근무, 1942년 도쿄 주둔 참모본부인 대본영(大本營)에서 근무했다. 일본 육사 출신의 한국인 가운데 대본영에서 근무한 사람은 홍사익 중장과 이용문 둘뿐이었다.

1943년 남방전선으로 전속되어 말레이시아, 수마트라, 버마 등지에서 근무했으며, 1944년에 소좌로 승진해 남방군 교통사령부 참모가 되었다. 1945년 사이공에서 종전을 맞이했고, 일본의 패망으로 연합군의 포로가 되었지만 일본군 사령부 군수참모 재직 시 가깝게 지냈던 월남인 납품업자의 도움으로 풀려나, 1947년 9월 인천을 통해 귀국했다.

그가 전라북도 남원 운봉 근처에서 비행기 사고로 사망하자 박정희는 매우 애석해했다. 그의 아들 이건개는 박정희가 대통령이 된 후 승승장구했다.

013

남들이 문둥이라 놀리며 나타나기
만 해도 흠칫 놀랐던 게 나병환자
들이다. 그 나병환자들이 집단으
로 머물고 있는 나환자촌에 육 여
사가 나타났다. 그들의 손을 붙잡
고 격려해 주자 환자들의 썩어문
드러진 눈에서 굵은 눈물방울들
이 쏟아졌다. 이런 것이 국모(國
母)다.

014

1974년 8월 15일 꽃잎이 채 시들기 전에 아무런 미련 없이 떨어지는 목련처럼 육 여사는 이 세상을 떠났다. 그날의 비통함을 되새겨 무엇하겠는가. 육 여사가 돌아가신 다음에 삼 남매가 어버이날에 카드와 카네이션 세 송이를 박 대통령에게 드렸다고 한다. 박 대통령은 손수건으로 눈물을 닦으며 울었다. 얼마 후 집무실에서 카드와 꽃이 없어진 것을 안 삼 남매가 그것을 찾아보니 박 대통령 침실에 걸려 있는 육 여사의 사진 밑에 가지런히 놓여 있었다고 한다.
- 김두영 전 청와대 비서관

비극이 다가오는 것을 누가 알 수 있으랴. 박 대통령이 육 여사에게 활쏘기를 지도하고 있다. 육 여사의 눈매가 평소와 달리 매섭다.

경상남도 진해 앞 저도는 박 대통령이 여름휴가 때 자주 찾았던 장소다. 박 대통령은 이곳에서 국정을 구상할 뿐 아니라 가족과 즐거운 한때를 보냈으며, 수행원을 위로하고 출입기자들과 대화를 나누기도 했다. 수영을 하면서도 박 대통령은 짬짬이 카메라 셔터를 눌렀다.

바쁜 일정 가운데도 틈을 내 청와대 경내에서 승마를 즐기는 박 대통령이다. 아마 이 순간 대통령의 뇌리에는 말을 타고 광활한 만주 벌판을 누비며 조국을 제대로 된 나라로 만들겠다는, 과거 청운(靑雲)의 꿈이 떠올랐을 것이다.

박정희 대통령은 한국판 산업혁명을 설계하고 이를 추진하여 제2차 세계대전 후 독립한 수많은 후진국 가운데 유일하게 대한민국만이 저성장농업국가를 고도 산업국가로 변모시켜, 선진국 대열에 진입할 수 있도록 초석을 쌓은 위대한 대통령입니다.

국민소득 100달러 수준에서 오늘의 2만 달러 수준으로, 마치 그 성장이 '로켓처럼 튀어 오른 나라'가 된 것은 이 지구상에서 대한민국밖에 없으며 이 기간 중 산업화와 민주화를 이룬 나라도 대한민국밖에 없습니다.

우리나라는 해방 후부터 오늘에 이르기까지 줄곧 근현대사 문제를 놓고 극심한 좌우논쟁을 벌여왔습니다. 특히 김대중·노무현 정권 당시 제작 보급된 좌편향적 교과서와 참고서는 젊은 세대에게 대한민국의 역사를 실패한 역사로 각인시키기에 이르렀습니다. 한국 근현대사의 주역인 이승만과 박정희를 모두 부인하고 '대한민국은 잘못 태어난 나라'라느니 '정의가 패배하고 기회주의가 득세한 역사'라느니 하는 이야기가 국가 원수의 입에서까지 나오는 기이한 사태가 벌어지기도 했습니다.

– 안병훈 기파랑 대표

018

내 一生 祖國과
民族을 爲하여

1974. 5. 20.

大統領 朴正熙 [印]

民族中興

大統領 朴正熙

박정희 대통령이 즐겨 쓴 휘호의 소재는 '민족중흥'과 '조국근대화'였다. 그가 쓴 '내 일생 조국과 민족을 위하여'는 그의 삶 종장(終章)까지 이어졌다. 그는 자신에 대한 비판자들에게 일일이 변명하는 대신 '내 무덤에 침을 뱉으라'고 했다. 자신에 대한 역사의 평가는 사후(死後)에 맡기겠다는 의지였다.

019

祖國近代化

乙巳孟春

朴正熙

제2부

0시의 횃불(1961~1963)

마침내 박정희 대통령이 역사의 전면에 등장했다. 혁명군의 선두인 해병여단 제2중대는 1961년 5월 16일 새벽, 한강 인도교로 진입했다. 트럭 두 대를 여덟 팔자로 배치한 헌병들이 제지하면서 총격전이 벌어졌다. 총알이 스쳐 가는 와중에 박정희 장군이 지프에서 내렸다. 그는 상체를 숙이지도 않은 채 한강다리를 걸어가기 시작했다. 카빈총을 든 이석제 중령이 뒤따랐다. 6·25전쟁 당시 중대장으로 참전했던 이석제에게는 '사람이 아무리 빨라도 총알이 사람을 피하지 사람이 총알을 피할 수는 없다'는 지론이 있었다. 꼿꼿하게 걸어가는 박정희 곁으로 총알이 쌩쌩 날아가는 소리가 들려왔다. 그렇게 총격전이 벌어지는 가운데 박정희가 다리 난간을 붙잡고 물끄러미 강물을 내려다보았다. 혁명군의 최고 지휘자인 그는 순간적으로 가족 얼굴이 강물 위로 어른거리는 걸 느꼈다. 그의 입에서 나지막하지만 단호한 한마디가 나왔다. "주사위는 던져졌어!" 한강 인도교의 저지선이 뚫린 시각은 그날 오전 4시15분, 역사적인 '혁명의 새벽'이 그렇게 밝아왔다.

親愛하는 애국동포 여러분!

隱忍自重하던 軍部는 드디어 今朝未明을 期해서 一齊히 行動을 開始하여 國家의 行政 立法 司法의
三權을 完全히 掌握하고 이어 軍事革命委員會를 組織하였읍니다.
腐敗하고 無能한 現政權과 既成政治人들에게 이 以上 더 國家와 民族의 運命을 맡겨둘수없다고 斷定
하고 百尺竿頭에서 彷徨하는 祖國의 危機를 克服하기爲한것입니다.

軍事革命委員會는
첫째 反共을 國是의 第一義로 삼고 지금까지 形式的이고 口號에만 그친 反共體制를 再整備強化할것입니다.
둘째 UN憲章을 준수하고 國際協約을 忠實히 履行할것이며 美國을 爲始한 自由友邦과의 紐帶를
더욱 鞏固히할것입니다.
셋째 이나라 社會의 모든 腐敗와 舊惡을 一掃하고 頹廢한 國民道義와 民族正氣를 다시바로잡기爲하여 淸新
한 氣風을 振作할것입니다
넷째 絶望과 飢餓線上에서 허덕이는 民生苦를 時急히 解決하고 國家自主經濟 再建에 總力을 傾注할것입니다
다섯째 民族的 宿願인 國土統一을 爲하여 共産主義와 對決할수있는 實力의 培養에 全力을 集中할것입니다
여섯째 이와같은 우리의 課業이 成就되면 嶄新하고도 良心的인 政治人들에게 언제든지 政權을 移讓하고 우
리들 本然의 任務에 復歸할 準備를 갖추겠읍니다
愛國同胞여러분
여러분은 本 軍事革命委員會를 全幅的으로 信賴하고 動搖없이 各人의 職場과 生業을 平常과 다름없이 維持
하시기바랍니다
우리들의 祖國은 이瞬間부터 우리들의 希望에依한 새롭고 힘찬 歷史가 창조되어가고있읍니다
우리들의 祖國은 우리들의 團結과 忍耐와 勇氣와 前進을要求 하고있읍니다

大韓民國 萬歲!
蹶起軍 萬歲!

軍事革命委員會
議長 陸軍中將 張 都 暎

친애하는 애국동포 여러분! 은인자중하던 군부는 드디어 금조 미명을 기해서 일제히 행동을 개시하여 국가의 행정·입법·사법의 3권을 완전히 장악하고 이어 군사혁명위원회를 조직하였습니다. 군부가 궐기한 것은 부패하고 무능한 현 정권과 기성 정치인들에게 더 이상 국가와 민족의 운명을 맡겨둘 수 없다고 단정하고 백척간두에서 방황하는 조국의 위기를 극복하기 위한 것입니다….

5월 16일 아침 서울 시내에 뿌려졌던 혁명공약은 장태화·김종필이 초안을 잡고 박정희가 최종 손질을 한 것이다. 혁명과 무관한 장도영 중장 명의로 된 게 눈에 띈다.

021

軍部 無血쿠데타

革命委서 三權...

張內閣의 總辭職

尹大統領 事態收拾위해 呼訴

革命委員 五名 判明

朴正熙少將과 金東河少將

尹泰日·宋贊鎬·蔡明新准將

軍部쿠데타

民團서 支持

朝鮮系非難

쿠데타 支持

美態度 17日

「그린」「매그...

美國務省官吏見解表明

15日 價格

軍事革命委、引出 一回

外

박정희의 거사(擧事)는 한 편의 드라마처럼 극적으로 전개됐다. 5·16 주체들은 장도영 참모총장을 끌어들이고 육군 고위장성들과 영관급 핵심 세력들을 포섭했으며 해병대를 참여시키는 데 성공했다. 박정희가 지휘한 쿠데타 병력은 3600여 명이었다. 서울에 진입한 혁명군은 중앙청-국회-국방부 및 방송국 등 주요 건물을 점령한 다음 장면 정권의 각료들을 체포하고 청와대를 포위해 국가권력을 장악했다.

사진은 1961년 5월 17일 자 《조선일보》 1면이다. '군부(軍部), 무혈 쿠데타 완전 성공'이라는 제목이 대문짝만하게 달려 있다.

022

국가재건최고회의

← 의장 장도영 중장

부의장 박정희 소장 →

애국동포 여러분!

五·一六혁명은 과거 누적된 부정과 부패의 구악을 일소하고 도탄에 빠진 민생고를 해결하여 급속히 경제부흥을 이룩함으로서 북한공산침략에 대비할수있는 반공의 기반을 튼튼히하여 후세의 영원한 번영과 복된 민주사회를 건설하자는데 그 목적이 있읍니다.

다행히 우리 온 국민은 이성스러운 혁명과업수행에 전폭적인 지지와 협조를 아끼지 않음으로써 그동안 국내질서는 평상시와 다름없이 유지되고 모든 구악이 일소되어가고 있음을 우리는 다 같이 기쁘게 여기는 바입니다.

이제 혁명과업의 실천적 단계로서 내각이 조직되었으며 지방행정기관의 장 도 속속 임명되어 강력한 혁명정부의 기능이 말단기관에 이르기까지 침투되어 참신한 시책이 착착 수행되어가고 있읍니다.

그예로서 농어촌부흥의 최대의 암이었던 농어촌고리채정리의 과감한 조치와 영농자금의 적기방출등의 시책으로서 침체된 농촌에 소생의 광명을 주는 동시에 우리나라의 경제적후진성을 하루바삐 탈피하고 국내산업을 적극적으로 보호육성시키기 위하여 생산신고제를 시행하는등 강력하고도 계획성있는 자유경제정책을 실시함으로서 모든 국민을 빈곤과 절망에서 해방시키고저 정부는 온갖 노력을 기우리고 있읍니다.

혁명이후 열흘만에 비상계엄령이 해제되고 언론의 사전검열제도가 폐지되었음은 혁명사상 그유례가없는 획기적인 처사라고 하겠읍니다. 이는 우리 각자가 혁명을 자기자신의 혁명으로 알고 자발적으로 혁명과업완수에 진력한 결과라고 굳게 믿는바입니다.

우리의 조국은 온국민의 힘찬 총 진군을 요구하고 있읍니다.

우리의 앞날은 결코 안이한것은 아닙니다.

우리는 어려움을 참고 검소한 생활을 실천하여 조국을 살기 좋은 나라로 만드는데 다 같이 힘써야 하겠읍니다.

우리의 마음, 우리의 가정, 우리의 마을로부터 솔선하여 혁명과업을 완수합시다.

군사혁명위원회는 1961년 5월 19일 회의를 열어 혁명위원회의 명칭을 '국가재건최고회의'로 개칭하고 고문 2명을 선출했다. 장도영을 내각수반으로 하는 새 혁명내각 각료 명단을 발표하기도 했다. 사진은 혁명과업이 실천적 단계로 내각이 조직됐고 지방행정기관장도 임명되었다는 내용이 담긴 전단이다. 국가재건최고회의 장도영 의장과 박정희 소장의 사진이 실려 있다.

023

5월 18일을 기해 혁명이 사실상 성공단계에 접어들자 윤보선 대통령은 19일 밤 하야 성명을 발표했다. 윤 대통령의 하야 통고를 받은 혁명위원회는 즉시 하야 번의(飜意)를 요청했다. 장도영 총장이 찾아가 번의를 요청했지만 듣지 않자 김용식 외무차관이 외교상의 난점을 설명해 결국 뜻을 접었다. 사진은 5월 20일 장도영 혁명위 의장·박정희 혁명위 부의장이 배석한 가운데 윤 대통령이 기자회견에서 "지금 우리나라 형편을 생각해서 만부득이 하야 결정을 번의키로 결정했다"고 말하는 모습이다.

024

군인들이 1차로 착수한 작업은 대대적인 용공(容共)분자의 색출이었다. 잡아들인 용공분자가 쿠데타 사흘 만인 19일까지 930명이었다. 21일에는 그 수가 2014명에 이르렀고 1961년 말에는 3333명에 달했다. 군정(軍政)은 행동으로 반공(反共)을 과시하고 있었다. 쿠데타 성공 직후인 21일 자유당 시절 정치 깡패의 대부 이정재를 비롯해 200여 명의 깡패들이 덕수궁을 출발해 서울 시내 중심가를 행진했다. 이들이 든 플래카드에는 '나는 깡패입니다. 국민의 심판을 받겠습니다' '깡패생활 청산하고 바른생활 하겠습니다'라는 내용이 적혀 있다.

하나의 정글에 두 마리의 사자가 양립(兩立)할 수 없다. 쿠데타에 얼굴마담으로 참가한 장도영 총장은 당시 최고회의 의장-내각수반-국방부 장관-육군참모총장 등 네 자리를 차지하고 있었다. 그를 이석제 중령이 찾아갔다.

"이 혁명은 각하가 주인공이 아니고 박정희 장군이 계획하고 실행한 것입니다. 저희에게 협조하신다면 각하의 위상에 어울리는 대접이 꼭 있을 것입니다. 각하 혼자서 네 가지 직책을 다 수행할 수는 없습니다."

장도영 총장은 "일개 중령이 참모총장을 협박하는 것인가"라고 화를 냈지만 이석제는 차분하게 답했다. "혁명이 어린애 장난입니까. 우리가 계급 가지고 혁명할 줄 아십니까. 한강다리를 넘을 때 우리는 이미 계급의 위계질서를 벗어났습니다."

장도영은 최고회의 의장에 취임한 지 44일 만에 실각했다. 박정희가 새 의장으로 취임했다. 박정희는 취임사에서 짧게 말했다. "배수의 진을 친 우리에게는 이제 후퇴란 있을 수 없습니다. 우리 앞에는 전진만이 있을 따름입니다."

026

韓國의 새로운 지도자

七月三日 국가재건최고회의 의장직을 맡음으로써 韓國의 새로운 지도자로 군림하게 된 박정희 장군에 대하여 국민의 기대는 크다. 五·一六革命의 실제적인 지도자인 청렴강직한 박장군은 언제고 말보다 行動이 앞서는 분이다.

언제고 말수가 적은 반면에 침착한 성격과 명철한 두뇌를 가지고 오늘에

〈박정희 의장〉

이르기까지 조국수호와 정병육성에 정성을 다해왔다.

일찌기 만주 군관학교를 거쳐 일본 육군사관학교를 졸업한 장군은 二次大戰中 중국에서 일본군과 용전분투하기도 했다. 六·二五동란중에는 사단 작전참모를 지냈으며 혁명 당시에는 二軍副司令官으로 활약하였다. 작달막한 키에 조심성스러운 말씨는 성격의 강인성을 보여주고 있다.

066

박정희 장군은 대중에겐 생소한 존재였다. 국가재건최고회의 의장에 취임한 직후 그를 알리는 홍보전단이 뿌려졌다. '말수가 적은 반면 침착한 성격' '명철한 두뇌' '작달막한 키에 조심성스러운 말씨'라는 부분이 눈에 띈다.

027

1961년 11월 14일 박정희 최고의장 일행이 미국에 도착했다. 박 의장은 곧바로 케네디 미국 대통령과 정상회담을 가졌다.

케네디: 본인은 어떻게 하면 월남의 붕괴를 막을 수 있을지 걱정이 많습니다. 최후의 수단은 미군 병력을 투입하는 것입니다. 다만 진정한 해결책은 월남인 스스로가 외국 원조에 의존함이 없이 문제를 해결하는 것이지요. 월남은 단순히 미국의 문제만은 아닙니다. 박 의장께서는 어떻게 생각하시는지요?

박정희: 러스크 장관 등에게도 언급한 적이 있습니다만 미국이 너무 혼자서 많은 부담을 지고 있다고 생각합니다. 자유세계의 각국은 각자가 할 수 있는 부담을 나누어야 자유세계 전체의 힘이 증강될 것이라고 믿습니다. 반공국가로서 한국은 극동의 안보에 최선을 다해 기여하고 싶습니다. 월맹은 잘 훈련된 게릴라 부대를 가지고 있습니다. 한국은 월남식의 전쟁을 위해서 잘 훈련된 장정들을 보유하고 있습니다. 미국이 승인하고 지원한다면 월남에 이런 부대를 파견할 용의가 있고 정규군이 바람직하지 않다면 지원군을 모집할 수도 있습니다.

028

박정희 의장이 이 자리에서 월남 파병 용의를 밝힌 사실은 최근에야 밝혀졌다. 미국 정부가 박 의장이 월남 파병을 제의한 대목을 삭제한 상태로 공개했기 때문이다. 연 파월인원 약 30만명, 최다 주둔병력 약 5만명을 기록한 역사상 첫 해외 파병의 씨앗이 이때 뿌려졌다.

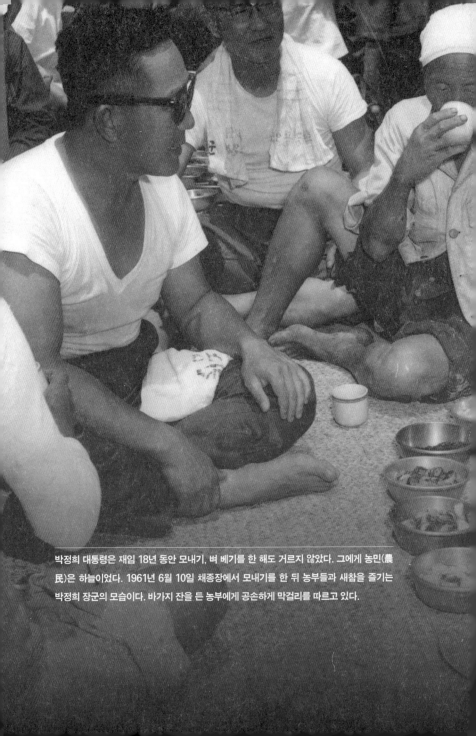

박정희 대통령은 재임 18년 동안 모내기, 벼 베기를 한 해도 거르지 않았다. 그에게 농민(農民)은 하늘이었다. 1961년 6월 10일 채종장에서 모내기를 한 뒤 농부들과 새참을 즐기는 박정희 장군의 모습이다. 바가지 잔을 든 농부에게 공손하게 막걸리를 따르고 있다.

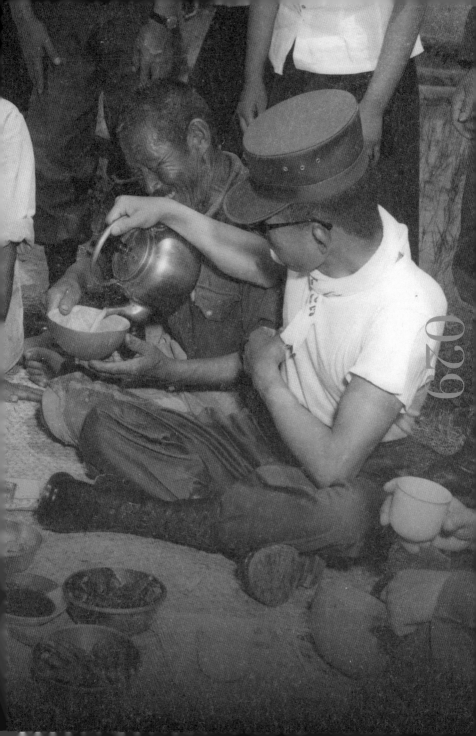

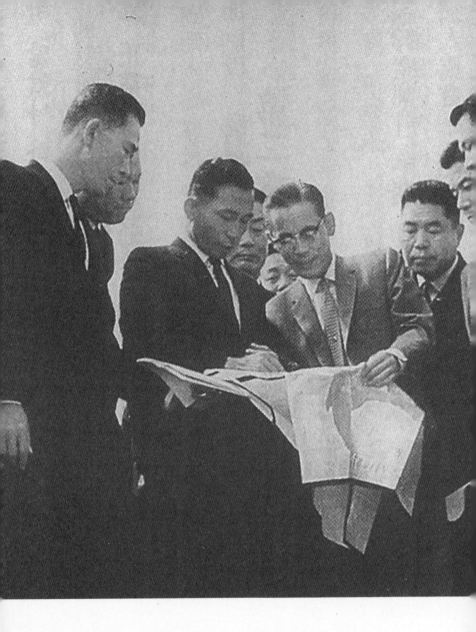

1961년 12월의 어느 날 박정희는
미국의 한국원조기관인 USOM
처장 킬렌을 울산 여행에 동행하
도록 초청했다. 일행은 김용태 중
앙정보부장 고문 등 군정 요인들
과 이병철 삼성그룹 창업주였다.

이들은 울산에 내리자마자 지금
의 공업단지가 있는 태화강변으로
향했다. 마침 눈이 내려 뒤덮인 황
량한 벌판에 군데군데 말뚝이 세
워져 있었다. 박정희는 킬렌에게
"우리는 여기에 종합제철공장, 비
료공장, 정유공장 등 국가기간산
업체를 건설할 작정이요"라고 말
했다. 박정희는 이병철을 향해 "이
제부터 돈을 번 여러분이 조국을
위해 할 일이 있소. 정부가 추진하
는 조국의 근대화 작업에 여러분
이 적극 협력해 주어야겠소."
– 이덕주 지음《한국현대사 비록》
중에서

030

辭任書

事情에依해서本人이
大統領職을辭任코저하오
니處理하여주심을要望
합니다

一九六二年三月二十日
平澤善□

國家再建最高會議議長
朴正熙貴下

사진은 청와대를 떠나는 윤 대통
령 내외다. 야인이 된 윤씨 내외는
청와대에서 1.5km 떨어진 안국
동 8번지 사저로 옮겼다.

윤보선 대통령은 1962년 3월 22일 오전 11시30분, 청와대 대변인을 통해 사임한다는 뜻을 밝혔다. 그는 사임 성명에서 혁명과업이 순조롭게 진행되고 있는 만큼 사임이 국내외적인 파문을 일으키지는 않을 것이라는 점을 명백히 했다. 그의 사임은 일주일 전에 통과된 구 정치인의 정치활동을 제한하는 규제법 때문이라고 밝혔다. 정치정화법은 정치적 경험이나 센스가 전혀 없는 혁명정부가 범한 최대의 실패작이었다. 강제적인 법으로 일정 기간 동안 구시대 정치인이나 추종 세력의 입을 다물게 할 수는 있었다. 그러나 이는 혁명정부에 협력자가 될 수 있는 많은 유력인사까지 반정부 인사로 내모는 결과가 되었고 이들의 반발은 나중에 혁명정부에 엄청난 부담을 안겨주었다.

– 이석제 지음 《각하 우리 혁명합시다》 중에서

031

1962년 10월 9일 수원에서 추수를 도우며 땀을 흘리는 박정희 대통령의 모습이다.
질끈 동여맨 머리끈이 눈길을 끈다.

032

농민을 하늘로 알아온 박정희에게 비료공장 건설은 숙원사업 가운데 하나였다. 비료 생산은 쌀의 증산을 가져오며 쌀의 증산은 우리 민족이 5000년 동안 겪었던 '보릿고개'를 넘는 것이었다. 1962년 7월 20일 충주비료공장을 시찰하는 박 의장 일행이다. 박 의장 오른쪽 두 번째에 박종규 경호실장이 보인다.

033

김두한은 깡패였지만 이정재처럼 혁명정부에 당하지는 않았다. 그가 독립운동가 김좌진 장군의 아들이었기 때문이다. 1962년 3·1절 행사에서 김두한과 박 의장이 손을 잡고 기념사진을 촬영하고 있다. 화기애애했던 김두한과 박정희의 관계는 김두한이 국회에서 똥물을 퍼뿌리면서 냉각됐다. 김두한은 이후 중앙정보부로 끌려가 모진 고문을 당했고 주먹세계에서도 은퇴해야 했다.

034

김종필은 박정희와 숙명의 관계였다. 육사 후배에서 혁명의 동업자였으며 한때 후계자로 꼽혀 박정희의 심기를 불편하게 했다.

혁명 세력은 부정부패 일소를 외쳤지만 5 · 16 이후 최초로 적발된 부정 사건이 부정축재 처리반의 뇌물 수수 사건이었다. 군정기간 중 상징적인 4대 의혹 사건이 있다. 증권 파동 사건, 워커힐 사건, 새나라 자동차 사건, 슬롯머신 사건이다.

4대 의혹 사건이 드러나자 김종필 중앙정보부장은 이른바 '자의 반 타의 반'으로 외유(外遊)를 떠난다. 사진은 휴양지로 보이는 장소에서 상의를 벗은 박 의장이 뭔가를 설명하는 모습을 보고 김종필 중앙정보부장이 웃는 모습이다.

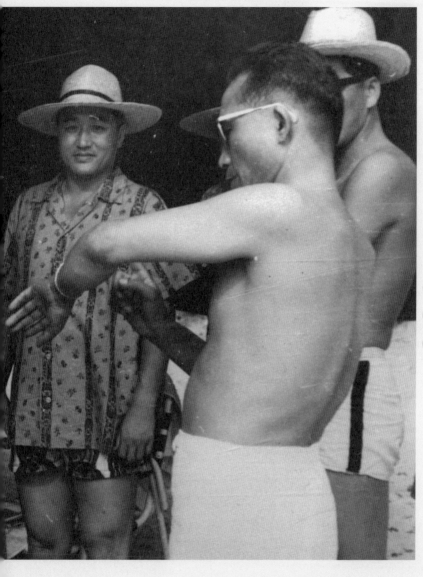

035

박정희 의장은 스포츠에도 관심이 많았다. 1962년 11월 24일 제1회 3부 및 국군 4개팀 야구대회에서 야구복을 입고 등장한 박 의장의 모습이다.

036

박 의장은 죽을 때까지 교사로서의 자세를 잃지 않았다. 처음에는 보통학교 학생들을 가르쳤으며 대통령이 된 뒤에는 국민들을 가르쳤다. 1962년 10월 17일 효창운동장에서 벌어진 제1회 서울 경찰체육대회에서 박 의장이 한 소녀의 손을 잡고 달리는 모습이다.

"지난날 수십만 전우들의 선혈로써 겨레를 지켜온 조국의 전선, 초연은 사라지고 오늘은 초목에 싸인 채 원한의 넋이 잠든 산하. 이 전선에 본인은 군을 떠나는 마지막 고별의 인사를 드리려 찾아왔습니다. 여기 저 능선과 이 계곡에서 미처 피기도 전에 사라져 간 전우들의 영전에 삼가 머리를 숙이고 십여 년을 포연의 전지에서 조국 방위를 위하여 젊은 청춘을 바쳤던 그날을 회상하면서 오늘 본인은 나의 무상한 반생을 함께 지녀온 군복을 벗을까 합니다. … 오늘 병영을 물러가는 이 군인을 키워주신 선배, 전우 여러분, 그리고 군사혁명의 2년 동안 혁명하(革命下)라는 불편 속에서도 참고 편달 협조해 주신 국민 여러분께 감사를 드리며 다음의 한 구절로써 전역의 인사를 대신할까 합니다. 다시는 이 나라에 본인과 같은 불운한 군인이 없도록 합시다."

사진은 박정희 대장 내외가 김성은 국방부 장관 등 군 수뇌들과 함께 전역식을 마치고 걸어 나오는 모습이다.

제3부

싸우면서 건설하자 (1963~1972)

민정당 대통령 후보 윤보선에게 한 기자가 물었다.
"박정희 후보는 어젯밤 선거방송 연설에서 윤모는 참
다운 민주주의를 하는 사람이 아니고 더욱이나 애국
하는 사람이 아니라는 말을 했는데 어떻게 생각하십
니까?"

윤보선은 격노했다. "적어도 박정희씨는 그런 말을
할 자격이 없다. 천황을 위해 목숨을 바치기로 맹세했
던 사람이 아니었던가. 해방 뒤에는 자의로 공산주의
에 투신하여 두 번이나 나라를 해치려 했던 사람이 아
닌가. 적반하장도 유분수다."

이에 대해 박정희는 윤보선에게 역공했다. "나는 전
방사단장도 하고 야전군 참모장도 했다. 내가 빨갱이
였다면 사단을 끌고 북으로 넘어갈 수도 있었다. 그런
위험한 사람이 혁명을 일으켰는데 윤 후보는 왜 대통
령직에 앉아 있으면서 우리를 비호했나?"

사진은 박정희 후보가 연설하고 있는 모습. 뒤에 양
산을 들고 있는 이는 박종규 경호실장이다.

박정희 후보는 470만2640표를 얻어 454만6614표를 얻은 윤보선 후보를 꺾고 제5대 대통령에 당선됐다. 서울, 경기, 강원, 충청 지역에서 크게 패한 박정희는 전라도, 경상도, 제주도에서 압승을 거둬 이를 만회했다. 사진은 대통령 당선이 확정된 후 경북 선산 고향 집을 찾은 박 대통령이 형 동희 씨에게 담배를 권하는 장면이다.

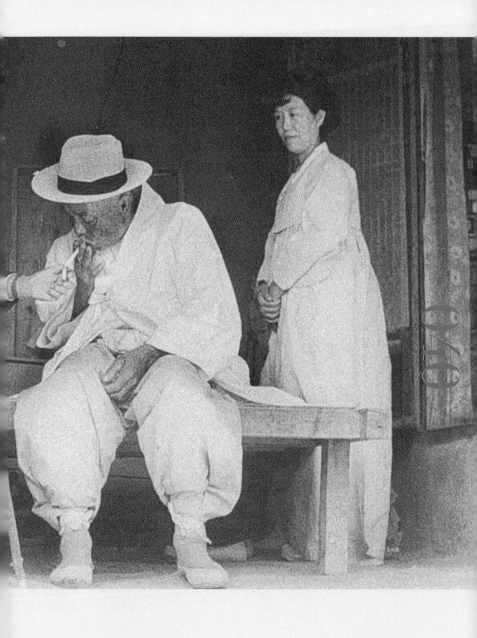

박정희 대통령은 노석찬 공보차관의 발표를 통해 1964년 6월 3일 오후 8시를 기해 서울시 일원에 비상계엄령을 선포하고 계엄사령관에 민기식 육군참모총장을 임명했다.

박 대통령은 박상길 대변인을 통해 담화문을 발표했다. "나와 이 정부가 참을 대로 참다가 이 마지못한 결단을 내리게 된 것을 먼저 밝혀둔다. 지금 그들 일부 몰지각한 학생들에게는 헌법도 없고 국회도 없고 정부도 없다."

사진은 한일회담 반대 시위에 참가한 학생들이 중앙청 앞에 몰려 있는 장면이다. 김성은 국방부 장관은 "수도경비사령부 소속 군인들이 경비를 서고 있던 중앙청 울타리를 넘은 학생들이 현관까지 뛰어들어와 군인들과 난투극을 벌이고 있었다. 최루탄 냄새, 시내 곳곳에서 치솟는 화염을 보며 4·19의 재판(再版)이라고 생각했다"고 훗날 밝혔다.

041

서독 방문을 위해 박 대통령이 탑승한 루프트한자의 보잉707은 일본 도쿄와 독일 본 사이를 취항 중인 일반 여객기였다. 이를 서독 정부가 1등석과 2등석 절반을 비우게 하고 중간에 커튼을 친 다음 우리 측에 제공했는데, 일반 여객기인 터라 박 대통령은 나머지 좌석에 탑승한 승객들의 기착지인 홍콩~방콕~뉴델리~카라치~카이로~로마~프랑크푸르트를 모두 경유해야 했다. 비행시간만 28시간이었다. 사진은 1964년 12월 7일 본 공항에 도착한 박 대통령이 3군 의장대를 사열하는 모습이다.

042

12월 10일 중요 일정을 모두 마친 박 대통령 일행은 우리 광부들이 일하는 루르 지방으로 출발했다. 오전 10시40분 대통령이 탄 차가 함보른 광산에 도착했다. 인근 탄광에서 근무하는 한인 간호원 50여 명이 태극기를 들고 대통령을 환영했다.

박 대통령과 육 여사는 이들에게 손을 흔들어 답례했다. 벌써 육 여사는 손수건을 꺼내 눈물을 닦았다. 간호원 중에도 더러 눈물을 훔치는 사람이 있었다. 대통령 일행이 강당으로 들어가 대형 태극기가 걸린 단상에 오르자 광부들로 구성된 브라스 밴드가 애국가를 연주했다. 박 대통령이 선창하자 합창이 시작됐다. "동해물과 백두산이 마르고 닳도록…."

한 소절 한 소절 불러감에 따라 애국가 소리가 더 커져 갔다. "무궁화 삼천리 화려강산〜" 이 대목부터 합창 소리가 목멘 소리로 조금씩 변하기 시작했다. 광부와 간호원들에게는 떠나온 고향과 조국 산천이 눈앞을 스치고 지나갔을 것이다. 가난한 나라의 대통령으로서 젊은이들이 타국에 와 고생을 하는 현장을 본 대통령의 음성도 변하기는 마찬가지였다. 애국가 연주가 끝나자 박 대통령이 손수건으로 눈물을 닦고 연설을 시작했다.

"여러분 만리타향에서 이렇게 상봉하게 되니 감개무량합니다. 조국을 떠나 이역만리 남의 땅 밑에서 얼마나 노고가 많으십니까."

여기저기서 흐느끼는 소리가 들려오기 시작했다. 대통령은 준비된 원고를 보지 않고 즉흥연설을 하기 시작했다.

"광부 여러분, 간호원 여러분! 조국의 가족이나 고향 땅 생각이 많을 줄 생각되지만 개개인이 무엇 때문에 이 먼 이역에 왔던가를 명심하여 조국의 명예를 걸고 열심히 일합시다. 비록 우리 생전에는 이룩하지 못하더라도 후손을 위해 남들과 같은 번영의 터전만이라도 닦아 놓읍시다."

043

"나는 오늘 북한을 보았습니다. 한국에서는 결코 북한을 볼 수 없으나 오늘 동베를린을 통해 북한을 보았습니다. 이곳은 자유 베를린시가 평화와 자유를 위해 얼마나 수고했던가를 역력히 나타내주는 곳입니다. 자유 베를린의 이런 노력은 공산주의라는 미신을 타파하는 데 성공한 것으로, 그 공은 영원히 빛날 것이며 승공(勝共)의 상징이 될 것입니다."

- 1964년 12월 11일 동서독을 갈라놓은 베를린 장벽에서 동베를린 땅을 바라보는 박 대통령

044

1965년 5월 16일 오후 박정희 대통령 부부와 수행원들은 존슨 미국 대통령이 보내준 대통령 전용기 보잉707에 몸을 실었다.

서울을 떠난 지 한 시간쯤 지나 전용기가 일본 상공을 날고 있을 때 박정희 대통령 부부는 기내 전화로 청와대를 불렀다. 육영수 여사와 박근혜 사이에는 이런 대화가 오고 갔다.

"근혜니? 지금 무엇들 하고 있지?"

"지만이와 근영이 데리고 놀고 있어요. 어머니, 거기가 어디예요?"

"지금 막 일본 상공을 날고 있다. 잡음이 많은데 어머니 말이 잘 들리니?"

"예. 잘 들려요. 어머니, 비행기 멀미하지 않으세요?"

"괜찮아. 높이 떠서 참 편안해. 할머니께도 걱정 마시라고 여쭙고, 그리고 아버지, 어머니 안 계시는 동안 동생들 잘 보살펴라."

당시 육영수 여사와 박근혜 간의 통화 모습을 담은 사진이 남아 있다. 육영수 여사는 난생처음 하는 기내 통화에 신기해하는 표정이 역력하다. 박정희 대통령은 잔잔한 미소를 지으며 그런 아내의 모습을 지켜보고 있다.

존슨 대통령은 월남전쟁에 협력하고 있는 한국에 뭔가 선물을 주고 싶어 했다. 미국 측은 '종합과학기술연구소'를 지어주겠다고 했다. 한국 측에서는 기초과학연구소보다는 당장 산업화에 써먹을 수 있는 '응용과학연구소'를 희망했다.

1965년 5월 18일 박정희 대통령과 존슨 대통령은 정상회담을 가졌다. 이 자리에서 박정희 대통령은 "공동성명에 포함될 각하의 '기술 및 응용과학연구소 건립제안'에 대해 기꺼이 받아들이겠다"고 말했다. 존슨 대통령은 이렇게 말했다.

"각하나 나나 똑같이 교편을 잡은 적이 있지 않습니까? 그러니 과학 교육에 신경을 써야 합니다. 도움이 된다면 내 과학 고문을 한국에 파견하겠습니다."

박정희 정권 18년 동안 이때만큼 한미관계가 좋았던 적은 없다. 글자 그대로 밀월기였다. 이때 논의된 과학연구소가 바로 한국과학기술연구소(KIST)였다.

월남전의 수렁에 빠져들기 시작하던 존슨 행정부로서는 한국군의 추가 파병이 절실했다. 때문에 존슨 대통령의 대접은 각별했다. 5월 17일 백악관에서 기자회견을 마친 후 박정희 대통령과 존슨 대통령은 두 대의 대형 리무진에 나누어 타고 백악관을 출발, 펜실베이니아 대로를 거쳐 영빈관인 블레어하우스에 이르는 카퍼레이드를 벌였다. 존슨 대통령이 박 대통령을 숙소까지 바래다준 셈이었다. 1961년 첫 방미 때와는 비교도 되지 않을 정도의 융숭한 대접이었다. 1965년 5월 19일 뉴욕에서도 박정희 대통령은 화려한 카퍼레이드를 벌였다. 이날 뿌려진 오색 색종이는 11톤에 달했다고 한다.

1965년 5월 22일 박정희 대통령은 플로리다주에 있는 우주기지 케이프 케네디에서 실시된 아틀라스 장거리 로켓 발사를 참관했다. 로켓이 굉음을 내면서 아프리카 남단의 한 무인도를 목표로 솟아올랐다. 박정희 대통령은 뒷자리에 앉은 사람에게 쌍안경을 달라고 하여 로켓이 사라질 때까지 지켜보았다. 다른 사람들의 눈이 하늘을 떠난 후에도, 박 대통령은 로켓이 사라질 때까지 지켜보다가 쌍안경을 내려놓았다. 그러고는 아무 말도 하지 않았다. 옆에 앉아 있던 김성진 '동양통신' 기자가 소감을 물어보았다. 박 대통령은 시큰둥한 표정을 지으면서 이렇게 말했다. "뭐, 남의 나라에서 쏘았는데, 감상은 무슨 놈의 감상이야?"

박정희 대통령과 정상회담을 하면
서, 존슨 대통령은 "1개 사단을 보
낼 수 있을까요? 그렇게 하면 전
쟁 수행에 큰 도움이 되겠는데요"
라고 졸랐다.

박정희 대통령은 청룡부대(해병
2여단)와 맹호부대(수도사단)의
파병으로 화답했다. 1965년 9월
20일 청룡부대가 결단식을 가졌
다. 박 대통령 뒤로 김성은 국방부
장관, 김계원 육군참모총장의 모
습이 보인다.

049

1965년 10월 12일 맹호부대 환송식 유시에서 박정희 대통령은 "우리가 자유월남에서 공산
침략을 막지 못한다면 우리는 머지않은 장래에 동남아시아 전체를 상실하게 될 것이며, 나
아가서 우리 대한민국의 안전 보장도 기약할 수 없다. 월남전선과 우리의 휴전선이 직결되어
있다는 이유가 바로 여기에 있는 것이다"고 말했다.

090

1966년 2월 박정희 대통령은 동남아 순방을 마치고 돌아오는 길에 중화민국(대만)을 방문, 장제스 총통과 회담을 가졌다. 1887년생인 장제스는 박정희보다 꼭 한 세대 위였다. 장제스도 1년가량이긴 하지만 일본군에서 복무한 적이 있었다. 2월 15일 장 총통 주최 만찬에서 박정희 대통령은 이렇게 말했다. "혹자는 자유중국과 대한민국을 가리켜 자유의 방파제라고도 말합니다. 그러나 우리는 이러한 비유를 받아들일 수 없습니다. 어째서 우리가 파도에 시달리면서도 그저 가만히 서 있어야만 하는 그러한 존재란 말입니까.

우리는 전진하고 있습니다. 폭정의 공산주의를 몰아내고 자유세계의 구현을 위하여 앞으로 앞으로 전진하고 있는 것입니다. 우리야말로 자유의 파도입니다. 이 자유의 파도는 머지않아 북경이나 평양까지 휩쓸게 될 것을 나는 확신합니다."

051

탄생 100주년 잊지 못할 100장면 그리운 박정희

117

박정희 대통령은 1966년 10월 월남을 방문했다. 10월 21일 티우 대통령(오른쪽)과 키 수상(왼쪽)이 박정희 대통령을 영접하러 다낭 공군기지로 나왔다. 9년 후인 1975년 4월 30일 월남이 패망했다. 티우 대통령과 키 수상은 망명객 신세가 된다. 그날 일기에 박정희 대통령은 이렇게 썼다. "지키지 못하는 날에는 다 죽어야 한다."

052

월남을 방문한 박정희 대통령은 채명신 주월한국군사령관(박 대통령 오른쪽), 키 월남 수상(왼쪽)과 함께 퀴논에 주둔하고 있는 맹호부대를 찾아가 장병들을 격려했다. 박정희 대통령은 맹호부대 환송식 유시에서 "'후세에 너의 조상이 누구냐고 묻거든, 나의 조상은 트로이 전선에 참전한 용사였다고 일러주라'고 하던 고대 희랍사람들의 긍지를 맹호부대 장병 여러분도 가져주기 바란다"고 말했지만, 그들을 편한 마음으로 월남으로 보낸 것은 아니었다. 육영수 여사는 후일 "월남 파병을 하면서 얼마나 담배를 피웠는지, 재떨이에 담배꽁초가 가득했다"고 회고했다.

1966년 10월 필리핀 마닐라에서는 월남 참전 7개국 (미국, 한국, 호주, 뉴질랜드, 필리핀, 태국, 월남) 정상회담이 열렸다. 이 정상회담의 주빈국인 필리핀의 마르코스 대통령은 박정희 대통령과 같은 1917년생이었다. 당시만 해도 아시아에서 잘나가고 있던 필리핀의 마르코스는 한국이 월남 파병을 계기로 아시아 외교무대에서 발언권을 높여가는 것을 고깝게 생각했다. 월남 참전 7개국 정상회담도 원래 한국의 이동원 외무장관의 아이디어였다.

마르코스는 10월 24일 공항으로 나와 박정희 대통령을 영접했지만, 회의 기간 내내 박정희 대통령을 홀대했다. 박 대통령에게 배정된 호텔 방은 러스크 미 국무장관의 방보다도 작았다. 첫날 저녁 마르코스가 박정희 대통령의 숙소를 예방하고 돌아간 후, 박 대통령은 이동원 장관에게 말했다.

"이 장관, 저 친구 얼굴을 보니 알차게 생겼어. 분명히 쉽게 물러나지 않을 거야."

1966년 당시 한국의 국민소득은 130.8달러, 필리핀은 299달러였다. 박정희 대통령이 세상을 떠난 1979년 한국의 1인당 국민소득은 1647달러, 필리핀의 국민소득은 643달러로 역전되었다.

1966년 10월 31일 존슨 미국 대통령이 한국을 방문했다. 존슨 대통령은 박정희 대통령과 함께 오픈카를 타고 김포공항을 출발했다. 쇼맨십이 강했던 존슨 대통령은 환영 나온 시민들과 인사를 나누기 위해 9번이나 차에서 내렸다. 요즘은 정상회담이 다반사가 되었지만, 당시만 해도 외국 국가 원수의 방문은 국가적 대사였다. 곳곳에 환영아치가 서고, 기념우표가 발행되었다. 서울시청 앞에서는 서울시민환영대회가 열렸다.

125

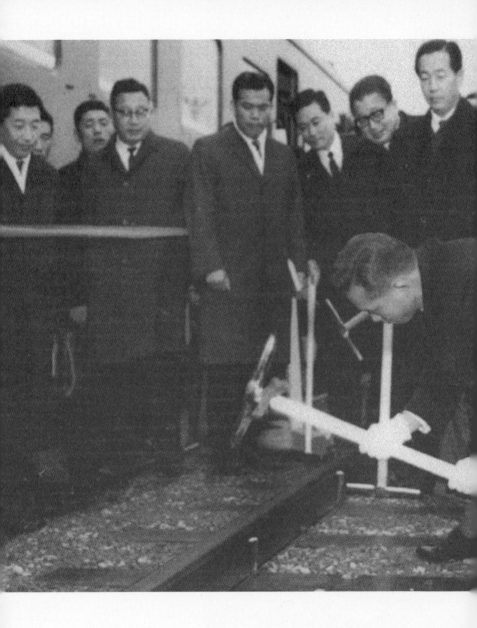

1967년 1월 20일 정선선 개통식에서 레일에 못을 막는 박정희 대통령. 정선선의 개통은 당시 중요한 에너지원이었던 석탄을 원활하게 수급하기 위해 꼭 필요한 사업이었다. 정선선을 타고 태백산맥을 빠져나간 석탄은 구공탄으로 가공되어 서민들의 겨울을 따뜻하게 해주었다. 겨울이면 신문마다 연탄가스 사고 소식을 전했다. 하지만 그 덕분에 연료를 채취하기 위해 나무를 베는 일이 줄어들면서 우리의 산림은 점차 푸르러지기 시작했다.

1967년 2월 2일 열린 제4차 민주
공화당 전당대회에서는 박정희 대
통령을 제6대 대통령 후보로 지명
했다. 신민당은 그해 2월 8일 대
통령 후보로 윤보선 전 대통령을
선출했다.

그해 5월 3일 실시된 대선에서
박정희 대통령은 568만8666표
(득표율 51.4%)를 얻어 452만
6541표(득표율 40.9%)를 얻은
윤보선 후보를 여유 있게 물리쳤
다. 4년 전 제5대 대선에서 15만
표 차이로 신승(辛勝)했던 것과는
너무나 대조적이었다. 국민들이
박정희 정부 4년간의 성취를 인정
해 준 것이다.

1967년 3월 30일 박정희 대통령은 경북 선산군에서 거행된 일선교 준공식에 참석한 후, 모교인 구미초등학교를 방문했다. 40년 전 자신이 공부하던 교실을 찾은 박정희 대통령은 감회에 젖었다.

1967년 4월 17일 박정희 대통령은 대전공설운동장에서 제6대 대선 첫 유세를 가졌다. 남편의 첫 유세가 걱정돼서였을까? 육영수 여사는 비서 한 사람만을 데리고 청와대를 빠져나와 대전으로 갔다. 육 여사는 청중 속에 섞여 박 대통령의 유세를 지켜보았다. 청중 중 한 명이 육 여사를 알아보고 외쳤다. "육영수 여사다!"

일순간 청중의 시선이 육 여사에게 쏟아졌다. 장내가 소란해지자 육 여사는 조용히 자리에서 일어나 단상으로 올라갔다. 청중의 시선은 자연스럽게 다시 단상으로 향했다. 박정희 대통령은 나중에 육 여사에게 농담을 했다. "선거법 위반으로 고발해야겠어!"

090

박정희 대통령은 5월 3일 대통령 선거에서 승리한 후인 5월 9일 가족과 함께 경북 선산군 구미읍 상모리에 있는 선산(先山)을 찾아가 성묘했다. 박정희 대통령 오른쪽으로 박근영, 박근혜가, 육영수 여사 왼쪽으로 박지만이 보인다.

060

탄생 100주년 잊지 못할 100장면 그리운 박정희

135

이승만 전 대통령은 1965년 7월 19일 하와이 호놀룰루의 마우나라니 정양원에서 90세를 일기로 세상을 떠났다. 그해 9월 고국인 오스트리아로 돌아간 프란체스카 여사는 매년 이승만의 기일(忌日)을 즈음해 한국을 방문했다. 1967년 6월 15일 육영수 여사는 생일을 맞은 프란체스카 여사를 청와대로 초청해 식사를 대접했다. 1970년 5월 한국으로 영구 귀국한 프란체스카 여사는 육영수 여사가 세상을 떠난 지 18년 후인 1992년 세상을 떠났다. 두 사람은 모두 서울 동작동 국립현충원에 묻혔다. 두 사람의 묘소는 걸어서 5분 거리다.

061

1968년 1월 5일 정초를 맞아 해병여단을 방문한 박정희 대통령을 장병들이 군기를 쳐며 환영했다. 그로부터 16일 후 1·21사태가 발생했다.

062

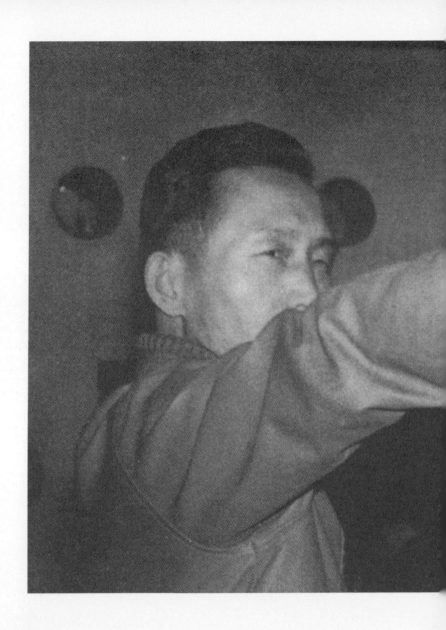

1·21사태가 발생한 지 20일 후인 1968년 2월 11일, 박정희 대통령은 육영수 여사와 함께 청와대 신관 지하에 있는 경호실 사격장으로 갔다. 25m 길이의 5개 사로(射路)가 설치된 이곳에서 박정희 대통령은 권총과 카빈 소총으로 번갈아 가며 사격했다. 육영수 여사에게도 총 다루는 법을 가르쳐주면서 사격을 시켰다. 이날 평균 80점을 기록한 박 대통령은 "이만하면 나도 급할 때는 싸울 수 있겠어"라며 웃음을 지어 보였다. 청와대비서실은 대통령의 사격하는 장면을 촬영해 이날 언론사에 배포했다.

5·16 후 박정희 대통령이 태릉사격장을 찾을 때마다 사격안전요원으로 곁에서 보좌했던 서강욱 전 대한사격연맹 부회장은 이렇게 회고했다.

"박정희 의장의 사격자세는 일품이었습니다. 총을 든 손끝이 흔들림이 없었고, 목표를 노려보는 눈매 하며 총을 잡고 방아쇠를 당기는 자세는 그때까지 제가 본 역대 장성들 중 최고였습니다. 사격 후 표적지를 보면 흑점 안에 모두 명중되어 있었습니다. 대통령이 사격하는 사진을 신문에서 보고 대통령이 행동을 통해 국민의 안보의식을 고취시키고 있구나 하고 생각했습니다."

1968년 4월 1일 대전공설운동장에서는 1만명의 향토예비군과 15만명의 시민이 모인 가운데 향토예비군 창설식이 거행됐다. 박정희 대통령은 이날 유시에서 "예비군의 이상적인 모습은 논밭이나 직장에서 자기 일에 충실하고 훈련에 힘쓰다가 일단 공비가 나타나면 즉각 출동하여, 그 마을 그 직장에서 공비와 싸우는 전사(戰士)가 되는 것"이라고 강조한 후 이렇게 말했다.

"자유는 목숨을 건 싸움에서만 얻어지는 것입니다. 죽음을 각오한 방어만이 자유를 수호할 수 있습니다. 국가안위에 대한 대비책을 당리당략의 대상으로 삼는 자유가 있다면, 그것은 정녕 '자기파멸의 자유'라고 할 수밖에 없습니다."

1969년 한국 공군은 F-4D 팬텀 전투폭격기를 도입했다. 한국이 일본보다 앞서 당시 최강의 전폭기였던 팬텀기를 보유하게 된 것은 김성은 당시 국방부 장관의 혜안 덕분이었다. 1969년 2월 그는 본스틸 주한미군사령관이 제시한 1억 달러의 추가 군사원조 사용 계획서를 받았다. 대부분이 미군이 한국군에 제공한 병기의 부품 도입비로 잡혀 있었다. 김 장관은 "유사시 북한을 응징하려면 적어도 F-4D 팬텀기 정도는 보유해야 한다"는 생각에서 F-4D 팬텀 전투폭격기 1개 대대(18대) 제공을 요구했다. 본스틸 사령관은 펄쩍 뛰면서 단종된 F-100기종 도입을 권했다. 양국의 줄다리기 끝에 결국 우리 측 주장이 관철되었다.

065

'근대화'는 1960~1970년대의 '시대정신'이었다. 공장을 짓는 것만이 근대화가 아니었다. 유통도 근대화되어야 했다. 도심에는 아케이드와 슈퍼마켓이, 동네에는 산뜻한 '근대화연쇄점'이 들어섰다. 1968년 6월 1일 서소문 슈퍼마켓 개점식은 박정희 대통령 부부가 참석할 정도로 당시로서는 큰 행사였다.

한식다과본... 화영기업

090

박정희 대통령은 1968년 9월 뉴질랜드를 방문했다. 이제 막 가난에서 벗어나기 시작한 시절, 가난한 농민의 아들로 배를 곯으며 자란 키 작은 대통령은 국민들에게 우유를 먹이고 싶어 했다. 바쁜 일정 속에서도 해밀턴시 론스톤 목장을 찾은 것은 낙농업에 대한 대통령의 관심 때문이었을 것이다. 박정희 대통령 옆에 큰 영애 박근혜, 이후락 비서실장(왼쪽에서 두 번째), 조상호 의전비서관(오른쪽 끝) 등의 모습이 보인다.

국가가 개인의 인적 사항을 파악하는 제도는 오래전부터 있었다. 조선시대에는 호패제도가 있었고, 6·25 후에는 시민증·도민증 제도가 도입됐다. 시민증(서울특별시, 부산직할시)이나 도민증은 다른 시도로 이주할 경우 다시 발급받아야 했다.

1962년 5월 10일 '주민등록법'을 시행했지만, 주민등록증 발급이 의무 사항은 아니었다. 1960년대 후반 무장공비 침투, 북한의 지하당 공작 등이 활발해지면서 안보적 측면에서 주민등록제도 정비 필요성이 제기됐다. 1968년 5월 새 주민등록법에 따라 12자리의 주민등록번호가 생겨났고 전국에 확대 실시되었다. 박정희 대통령은 1969년 11월 21일 종로구 자하동사무소에 나와 증명사진 3장을 내고 지문을 찍은 후 주민등록증을 발부받았다.

152

박정희 대통령은 본인이 사진에 찍히는 건 싫어했지만, 사진을 찍어주는 것은 좋아했다. 1969년 1월 31일 대통령 아버지는 청와대 뒤뜰에서 눈사람을 만들면서 노는 두 딸과 아들의 모습을 사진에 담았다.

690

박정희 시대는 한국의 주거문화가 바뀌기 시작한 때이기도 하다. 근대화된 주거시설인 '아파트'가 본격적으로 지어지기 시작한 것이다. 판자촌이 철거된 자리에는 '시민아파트'가 들어섰다. 박정희 대통령은 1969년 4월 21일 무허가 판잣집을 헐어낸 자리에 건립된 금화시민아파트 준공식에 참석, 단지를 둘러보았다.

그늘도 있었다. 1969년 6월 착공, 6개월 만에 완공된 서울 마포 와우아파트는 이듬해 4월 8일 붕괴해 34명이 죽고 40명이 부상을 당했다.

박정희 대통령은 집권 초부터 축산업 진흥에 관심을 두었다. 그 결과 1962년 1인당 육류 소비량 2.7kg, 우유 소비량 100g이던 것이 1980년에는 육류 소비량 11.3kg, 우유 소비량은 10.8kg으로 늘었다. 1969년 10월 11일 박정희 대통령은 독일의 지원으로 세워진 한독낙동시범목장 준공식에 참석, 젖소를 만지며 즐거워했다.

071

1969년 4월 1일 박정희 대통령은 김학렬 경제기획원 장관, 박태준 포항종합제철 사장과 함께 포항 종합제철공장 기공식을 가졌다. 조강(粗鋼) 베이스로 연산 103만 톤 규모의 이 공장은 대일청구권 자금 7300만 달러와 일본수출입 은행 차관 5000만 달러 등 총 1억2300만 달러의 외자(外資)와 230억원의 내자(內資)를 비롯 총 600여억 원을 들여 만들었다.

1969년 12월 포철 공사 현장에서 박태준 사장은 황량한 모래 벌판에 사원들을 모아놓고 이렇게 외쳤다. "우리 국민의 혈세로 짓는 제철소입니다. 실패하면 조상에게 죄를 짓는 것이니 목숨 걸고 일해야 합니다. 실패란 있을 수 없습니다. 실패하면 우리 모두 '우향우'해서 영일만 바다에 빠져 죽어야 합니다."

072

1968년 12월 21일 경인·경수고속도로 개통식에 참석한 박정희 대통령은 도로에 샴페인을 뿌리며 자축했다. 이듬해 7월 7일 경부고속도로 개통식 치사에서 박정희 대통령은 이렇게 말했다.

"아무리 어려운 일이라도 우리가 일단 하겠다고 결심한 일은 우리의 모든 노력을 총동원하면 안 되는 일이 없다, 불가능은 없다는 자신을 우리는 얻었던 것입니다. 우리가 이러한 민족적인 자신을 얻었다는 것은 이 도로가 우리나라 경제에 미치는 물질적인 효과보다도 더 중대한 의의가 있다고 생각합니다."

073

161

박정희 대통령은 말로 지시만 하는 지도자가 아니라 현장을 확인하는 대통령이었다. 그 시절 모든 공사현장에는 박정희 대통령의 발자국이 남았다. 1971년 양택식 서울시장의 안내로 지하철 1호선 공사현장을 돌아보는 박정희 대통령.

074

1969년 3선 개헌을 단행한 박정희 대통령은 1971년 세 번째로 대통령 선거에 나섰다. 김종 필 공화당 부총재는 대권의 꿈을 접고 처삼촌이자 혁명동지인 박정희 후보 지원 유세에 나섰 다(1971년 4월 12일).

선거가 끝난 후인 1972년 6월 어느 날, 박정희 대통령은 홍종철 사정특별보좌관, 동훈 비 서관과 식사를 같이했다. 이 자리에서 박정희 대통령은 대선 당시를 회고하면서 "가장 냉정 해야 할 대통령 선거에서 가장 감정적으로 유권자를 만들어 놓기 시합하는 것이 민주주의 냐?"고 불만을 토로했다. 그리고 탁자를 '탁' 치면서 말했다. "이제 그따위 놈의 선거는 없 어!" 동훈 비서관은 섬뜩한 생각이 들었다고 한다.

075

1971년 대선 당시 춘천 유세장에서 김종필 부총재가 육영수 여사에게 종이로 접은 모자를 씌워주는 것을 보면서 참석자들은 미소를 지었다. 당시 김종필 부총재는 1975년 박정희 대통령의 임기가 끝나면 후계자가 될 것으로 여겨지고 있었다.

1971년 5월 박정희 대통령은 김용태 공화당 원내총무와 만나 이야기를 나누던 끝에 자신의 후계자로 누가 적합한지를 물었다. 김종필과 가깝게 지내다가 정치적 곤욕을 여러 번 치렀던 김용태 총무는 얼른 대답하지 않았다. 박 대통령이 대답을 재촉하자 김 총무는 말했다. "각하의 후계자가 되실 분은 김종필 공화당 부총재뿐이라고 생각합니다. 각하께서 3선 개헌 전에 부총재로 임명해 놓으셨기 때문에 국민들도 그렇게 생각하고 있습니다."

그러자 박 대통령은 이렇게 말했다. "종필이···. 글쎄, 다재다능은 하지만 신중하지 못해. 인화(人和)도 문제야. 인화 없이는 막중한 일을 못해."

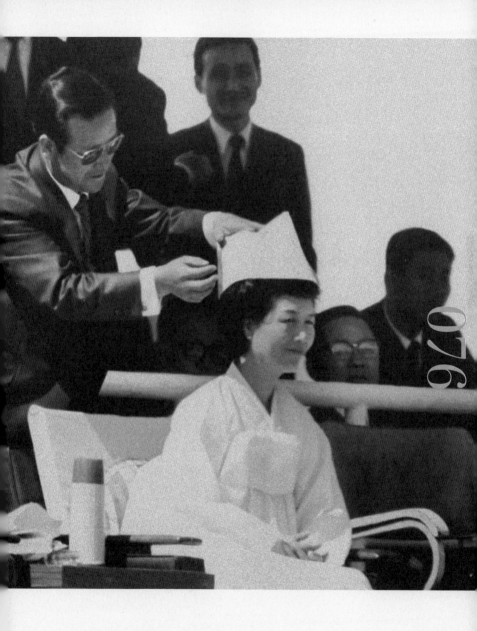

076

내세울 게 없던 시절, 스포츠는 그나마 대한민국의 존재를 세계에 알리고, 국민들에게 즐거움과 자신감을 안겨주는 도구였다. 김일의 프로레슬링, 김기수와 홍수환 등의 프로권투, 그리고 축구가 특히 인기였다. 좀처럼 한국 축구 수준이 올라가지 않자 박정희 대통령은 장덕진 대한축구협회장의 건의를 받아들여 1971년 박대통령배 아시아축구대회를 창설했다. 흔히 이 대회를 '박스컵'이라고 했다. 1971년 5월 2일 개막된 제1회 박대통령배(박스컵) 아시아축구대회에는 박정희 대통령이 참석해 시축을 했다. 8개국이 참가한 제1회 대회에서는 한국과 버마(현 미얀마)가 공동우승을 했다.

077

박정희 대통령은 군 시절에는 '골프 안 치는 장군'으로 알려졌었지만, 대통령이 된 후에는 골프를 즐겼다. 사진은 1971년 7월 3일 대통령 취임 축하 사절로 내한한 스피로 애그뉴 미국 부통령과 태릉골프장에서 라운딩하기 전에 스윙 연습을 하는 모습.

하지만 1973년 오일쇼크 이후 박정희 대통령은 골프를 끊었다. 자신이 골프를 치러 나가려면 경호원, 경찰 등이 출동하고 수많은 차량이 나가야 하는데, 기름 한 방울 안 나는 나라에서 쓸데없는 낭비라는 생각 때문이었다. 대신 청와대 구내에 있던 수영장 위에 마루를 깔고 배드민턴을 치기 시작했다.

078

1971년 12월 25일 성탄절 아침, 서울 충무로에 있는 22층짜리 대연각 호텔에서 화재가 발생했다. 소방차만으로는 인명구조가 불가능해 육군항공대와 공군, 주한미군 헬기는 물론 대통령 전용헬기까지 동원했지만, 내·외국인 105명이 사망하고 47명이 부상했다. 구조를 기다리다 못한 투숙객들이 건물 밖으로 뛰어내리는 장면이 TV를 통해 보도되면서 많은 사람에게 충격을 주었다. 박정희 대통령은 현장에 나가 화재진압 상황을 직접 살펴보다가 대통령 전용헬기 2대도 투입하라는 지시를 내렸다.

대연각 호텔 화재를 지켜본 육영수 여사는 그 전해에 남산에 지은 19층 짜리 건물인 어린이회관에서 불이 나면 피해가 클 것을 걱정해 어린이회관을 옮겨달라고 박정희 대통령에게 건의했다. 그 결과 서울 능동에 있던 서울 컨트리클럽이 교외로 이전, 그 자리에 어린이회관과 어린이대공원이 들어서게 됐다.

079

박정희 대통령은 1971년 8월 28일 서울 태릉사격장에서 열린 사격대회에 참가, 카빈 소총 10발을 쏘았다. 첫발은 과녁에 연결된 풍선줄을 끊었고, 나머지 9발은 모두 과녁 흑점을 꿰뚫었다. 박정희 대통령은 사인첩에 '백발백중'이라고 쓰고 만족한 웃음을 지었다.

박정희 대통령은 서거하기 한 달 전까지만 해도 침대 발끝 오른편에 있는 총가(銃架)에 카빈 소총 두 정을 걸어두었다.

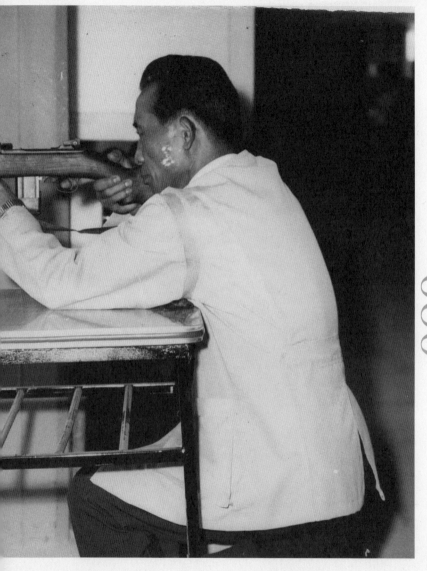

제4부

고독한 거인 (1972~1979)

이후락 중앙정보부장은 1972년 오전 10시 중앙정보부에서 기자회견을 열고 폭탄선언을 했다.

"제가 박 대통령의 명을 받고 평양에 갔다 왔다."

이후락 부장은 그해 5월 2일부터 5일까지 평양을 방문, 김일성 수상 및 김영주 노동당 조직지도부장과 만났다. 이후락 부장은 북한에 가면서 만약의 경우에 대비해 청산가리를 준비했다. 5월 5일 이 부장을 만난 김일성은 "부장 동지는 민족의 영웅"이라고 치켜세웠다. 1968년 1·21사태에 대해서는 "좌경맹동분자들이 한 짓으로 그들은 모두 출당 철직되었다"고 둘러댔다.

이후락 부장은 자주·평화·민족대단결이라는 3대 원칙에 합의하고 돌아왔다. 하지만 박 대통령은 그 직후 군 지휘관들에게 '남북대화를 한다고 해서 공산주의자들에 대한 긴장을 늦추어서는 안 된다'는 내용의 친서를 보냈다.

081

박정희 대통령은 1972년 11월 15일 국내 최대의 소양강 다목적 댐 담수식에 참석한 뒤 인공호수에 물이 들어가는 모습을 지켜보았다. 소양강댐 건설은 수도권 상수도 용수와 공업용수 공급, 수력발전은 물론, 매년 되풀이되던 한강 중하류 지역의 홍수피해를 줄이는 데 큰 도움이 되었다.

082

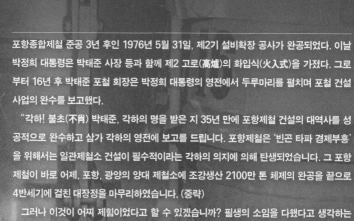

포항종합제철 준공 3년 후인 1976년 5월 31일, 제2기 설비확장 공사가 완공되었다. 이날 박정희 대통령은 박태준 사장 등과 함께 제2 고로(高爐)의 화입식(火入式)을 가졌다. 그로부터 16년 후 박철 포철 회장은 박정희 대통령의 영전에서 두루마리를 펼치며 포철 건설 사업의 완수를 보고했다.

"각하! 불초(不肖) 박태준, 각하의 명을 받은 지 35년 만에 포항제철 건설의 대역사를 성공적으로 완수하고 삼가 각하의 영전에 보고를 드립니다. 포항제철은 '빈곤 타파 경제부흥'을 위해서는 일관제철소 건설이 필수적이라는 각하의 의지에 의해 탄생되었습니다. 그 포항제철이 바로 어제, 포항, 광양의 양대 제철소에 조강생산 2100만 톤 체제의 완공을 끝으로 4반세기에 걸친 대장정을 마무리하였습니다. (중략)

그러나 이것이 어찌 제힘이었다고 할 수 있겠습니까? 필생의 소임을 다했다고 생각하는 이 순간, 각하에 대한 추모의 정만이 더욱 새로워질 뿐입니다.

"임자 뒤에는 내가 있어. 소신껏 밀어붙여 봐"하신 한마디 말씀으로 저를 조국 근대화의 제단으로 불러주신 각하의 절대적인 신뢰와 격려를 생각하면서 다만 머리 숙여 감사드릴 따름입니다."

084

1973년 7월 15일 박정희 대통령과 육영수 여사는 소련 모스크바 차이코프스키음악제
에서 피아노 부문 2위로 입상한 정명훈 군과 부모 정준채·이원숙씨, 명화, 경화 양 등 7
남매를 청와대로 초치해 만찬을 베풀었다.

탄생 100주년 잊지 못할 100장면 그리운 박정희

185

박정희 대통령은 삼국통일을 이룩한 신라에 관심이 많았다. 한국 고고학의 개척자인 김정기 박사는 황남대총을 발굴하라고 지시하는 박정희 대통령에게 "섣불리 대형 고분을 발굴하기보다 근처의 작은 고분부터 파보자"고 건의했다. 비상하는 천마(天馬)가 그려진 말안장이 발견된 천마총은 그렇게 해서 세상의 빛을 보게 되었다. 김정기 박사는 "천마도가 발견됐을 땐 그 자리에서 쓰러질 뻔했다"면서 "손대는 순간 가루가 될지도 모를 그 천마도를 내가 무덤 바깥으로 들어냈다. 책임져야 할 어려운 일은 직접 하는 게 지휘자의 의무다"라고 회상했다. 박정희 대통령은 1973년 9월 24일 천마총 발굴현장을 찾아가 현장을 둘러보고 관계자들을 격려했다.

085

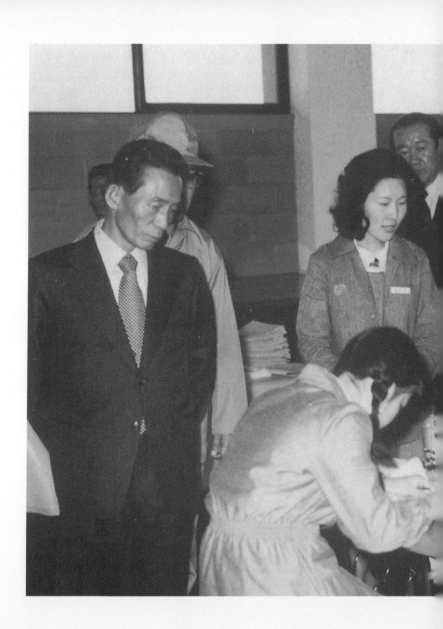

박정희 대통령은 사농공상이라는 전래의 신분구조를 뒤집으려 했다. 그는 일하는 사람, 돈을 버는 사람, 문제를 해결하는 사람을 중시했다. 그런 사람들을 길러내기 위해 전국에 각종 공업고등학교와 직업훈련원을 세웠다. 서울 보광동에 세워진 직업훈련원에는 박정희 대통령과 육영수 여사의 이름에서 한 글자씩 따서 '정수(正修)직업훈련원'이라는 이름이 붙었다. 1973년 10월 17일 박정희 대통령과 육영수 여사는 정수직업훈련원 개관식에 참석한 후, 원생들의 실습 장면을 돌아보았다.

1974년 8월 15일 오전, 문세광은 국립극장 맨 뒷줄에 약 10분간 앉아 박정희 대통령의 연설을 듣고 있었다. 박정희 대통령이 "나는 오늘 이 뜻깊은 자리를 빌어서 조국통일은 반드시 평화적인 방법으로 이루어져야 한다는 것을"이라고 말하는 순간 '퍽'하는 소리가 났다. 허리춤에 찔러 두었던 권총을 앞쪽으로 옮기려던 문세광이 오발을 한 것이다. 문세광은 자리를 박차고 일어나 통로로 나와 연단을 향해 달려갔다.

박 대통령이 "다시 한 번 강조하거니와 우리가 그동안 시종"이라고 말할 때 '탕' 하는 두 번째 총성이 들렸다. 순간 '피스톨 박' 박종규 경호실장이 권총을 뽑아 들고 앞으로 튀어나갔다. 단상 위에 있던 요인들은 정신없이 몸을 피했다. 나중에 선우휘《조선일보》주필은 '단상에 인영(人影)이 불견(不見)'이라는 사설을 통해 그들의 비겁을 질타했다.

두 번째 총탄은 연대(演臺)를 맞추었다. 제3탄은 오발. 문세광이 제4탄을 쏘려 했을 때에
는 박 대통령이 연대 뒤로 몸을 피한 후였다. 문세광은 오른쪽으로 시선을 돌려 자리에 앉아
있던 육영수 여사를 저격했다. 몸을 낮추려던 육 여사는 머리에 총알을 맞았다. 문세광이 다
섯 번째 총탄을 발사하려 했을 때, 청중 이대산씨가 발을 걸어 그를 넘어뜨렸다. 넘어지면서
발사한 총탄은 연단 위 태극기에 맞았다. 문세광은 체포되었다. 문세광이 두 번째 총탄을 쏘
았을 때부터 체포될 때까지 걸린 시간은 불과 8초였다.

2분 만에 다시 모습을 드러낸 박 대통령은 "여러분, 하던 얘기를 계속하겠습니다"라며 중
단된 대목을 정확하게 짚어 연설을 이어나갔다.

087

1974년 8월 21일 국립묘지 육영수 여사 묘소를
찾은 어머니 이경령 여사(오른쪽에서 두 번째)는
먼저 간 딸을 생각하며 흐느꼈다. 이경령 여사는
남편 육종관씨가 딸과 박정희 소령의 결혼에 반
대하자 딸 영수, 예수와 함께 집을 나온 후 내내
딸 및 사위와 함께 살았다. 그 전날 박 대통령은
이런 시(詩)를 썼다.

한 송이 흰 목련이 바람에 지듯이
상가에는 무거운 침묵 속에
씨롱 씨롱 씨롱
매미 소리만이
가신 님을 그리워하는 듯
팔월의 태양 아래
붉게 물들은 백일홍이
마음의 상처를 달래 주는 듯
한 송이 흰 목련이 봄바람에 지듯이
아내만 혼자 가고 나만 남았으니
단장의 이 슬픔을 어디다 호소하리.

박정희 대통령은 1975년 3월 26일 강원도청을 연두순시하고 귀경하는 길에 청량리에서 서울역까지 지하철을 탔다. 왼쪽부터 박정희 대통령, 박준규 공화당 정책위원회 의장, 정소영 농수산부 장관, 유기춘 문교부 장관.

월남이 패망한 직후인 1975년 5월 21일 박정희 대통령은 김영삼 신민당 총재와 만났다. 이 때의 만남을 김영삼 총재는 이렇게 회고했다.

박 대통령은 커피를 내어 왔다. 창밖을 보니 새가 한 마리 날아와 있었다. 나는 작년에 육여사가 당한 사고에 대해 조의를 표했다. 박정희는 창밖의 새를 가리키면서 "김 총재, 내 신세가 저 새 같습니다"라고 말했다. 그는 앞주머니에서 손수건을 꺼내 눈물을 닦았다. 인간적으로 참 안됐다는 생각을 했다.

박 대통령은 아시아 지도를 꺼내 놓고 한반도와 그 주변정세를 내게 들려주었다. 설명이 끝나자 나는 유신헌법 개정을 요구했다. 대화가 길어졌다. 내가 거듭 "민주주의 하자"고 요구하니, 박정희는 "김 총재"라고 불러놓고는 한동안 말을 끊었다.

"김 총재, 나 욕심 없습니다. 집사람은 공산당한테 총 맞아 죽고, 이런 절간 같은 데서 오래 살 생각 없습니다. 민주주의 하겠습니다. 그러니 조금만 시간을 주십시오."

060

1953년 7월 27일 휴전협정 당시 유엔군사령관은 유엔군이 점령하고 있던 북한의 섬들을 포기하는 대신 서해 5도서는 확보하고 북방한계선(NLL)을 선포했다. 이에 대해 아무 이의를 제기하지 않던 북한은 1973년 이후 '경기도-황해도 도계선' 북쪽 해면을 북한의 영해선으로 주장하기 시작했다. 1975년부터는 서해 5개 도서에 대한 위협을 강화하기 시작했다. 박정희 대통령은 서해 5개 도서에 콘크리트 진지와 주민대피시설을 구축하고 결전 의지를 다졌다. 1975년 11월 7일 박정희 대통령은 부산 앞바다에서 펼쳐진 밀물2호 작전을 참관했다. 이날 훈련에 해군은 새로 도입한 함대함 미사일을 선보였다.

박정희 대통령은 1975년 11월 13일 정수직업훈련원을 방문, 원생들을 격려했다. 1979년까지 기계공고, 시범공고, 특성화공고, 일반공고 등을 통해 50만명, 직업훈련원 등을 통해 62만명의 기능공이 양성됐다. 이들은 중화학공업 건설의 주역이었지만, 1987년 이후에는 노동운동의 주역이 되기도 했다.

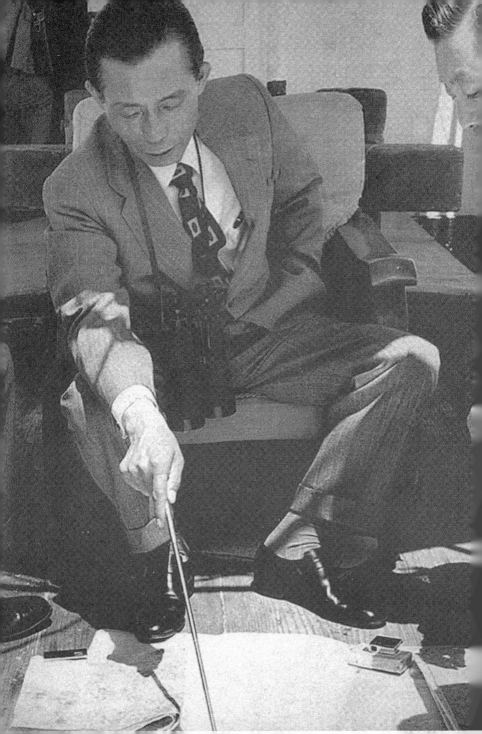

박정희 대통령은 군대 시절부터 "지휘관이 할 일은 5%가 지시고, 95%가 확인"이라고 할 정도로 확인행정에 힘썼다. 김정렴 전 비서실장은 "박정희 대통령은 고속도로 건설이건, 지하수 개발이건, 조림사업이건 간에 지시한 일은 반드시 확인했다. 장관으로부터 보고만 받은 게 아니라 필요하면 국장, 과장, 실무자를 찾아 직접 물어보고 확인했다"면서 "담당자들은 '내가 하는 일은 대통령께서 관심을 갖는 중요한 일이구나' 하는 생각에 정말 열심히 일했다" 고 회고했다. 사진은 박정희 대통령이 남해안 고속도로를 공중 시찰한 뒤 공업단지 예정지인 광양만 일대를 배로 시찰하면서 선상에서 작업 지시를 내리는 모습이다.

093

박정희 대통령은 호국 유적지 정
비, 복원에도 깊은 관심을 기울였
다. 1977년 10월 28일에는 강화
전적지 정화사업으로 복원된 갑
곶돈대 안 포각에 전시된 조선시
대의 포들을 돌아보았다. 같은 날
박 대통령은 같이 복원된 초지진,
덕진진, 광성보, 강화서성, 고려궁
지 등도 시찰했다.

박정희 대통령의 중화학공업 건설은 자주국방과 불가분의 관계가 있었다. 박정희 대통령이 정주영 현대그룹 회장에게 "전차(戰車)를 만들어보라"고 하자, 정 회장은 못 한다며 고개를 가로저었다. 박 대통령은 이런저런 이야기를 하다가 정 회장에게 "소련군 전차는 적탄을 피하기 위해 미군보다 차체를 작게 만드는데, 그럴 수 있는 이유를 아느냐?"고 했다. 흥미가 동해 하는 정 회장에게 박 대통령은 이렇게 설명했다. "소련군은 전차병으로 체구가 작은 중앙아시아 출신 병사들을 많이 쓴다더라." 전차에 관심을 갖게 된 정주영 회장은 얼마 후 "전차를 해보겠다"고 박 대통령에게 말했다. 박 대통령은 1978년 4월 6일 국산 전차 제조 과정을 시찰하고 관계자들을 격려했다. 가운데가 정주영 현대그룹 회장.

095

박정희 대통령은 국방과학연구소에 "1976년 말까지 장거리 지대지 미사일을 개발하라"는 비밀 명령을 내렸다. 겨우 소총을 만들기 시작한 국방과학연구소는 비상이 걸렸고, 허둥지둥 재미(在美) 과학자들을 합류시키고 해외두뇌 유치에도 나섰다. 이와 함께 박 대통령은 핵무기 기술을 확보하기 위한 극비 프로젝트를 가동했고, 플루토늄 획득을 위한 핵연료 재처리 기술을 확보하기 위해 비밀스럽게 국내 연구 역량을 취합했다. 미사일 기술을 배우기 위해 미국 맥도널더글러스사(社)와도 교섭을 했다. 이런 광경을 지켜본 미국 정부는 한국의 미사일 개발을 허락하되 사정거리가 180km가 넘지 않아야 한다고 요구했다. 한국 정부는 사정거리는 나중에 늘리면 된다는 생각으로 합의했다. 이것이 두고두고 한국의 미사일 주권을 제약해 온 한미미사일 각서이다.

1978년 9월 26일 충남 안흥 시험장에서 백곰 미사일 발사에 성공하면서 한국은 세계에서 7번째 유도탄 개발국이 되었다. 2012년 이명박 정부에 이르러 한국은 사정거리 800km를 확보했지만, 한국의 미사일 개발과 우주 개발에 대한 제약은 아직도 완전히 풀리지 않았다.

096

박정희 대통령은 해마다 5월 16일이면 5·16민족상 시상식을 갖고, 수상자들에게 다과를 베풀었다. 1979년 5월 16일 안전보장부문 장려상을 받은 전두환 소장(오른쪽)이 퍼스트레이디 역할을 하던 박근혜 큰 영애와 포즈를 취했다. 박정희 대통령이 서거하고 전두환 장군이 대통령이 된 후 두 사람은 여러 가지 악연을 맺게 된다. 박근혜 오른쪽은 장경순 국회부의장.

097

유신 말기에 실력자로 떠오른 차지철 경호실장은 경호실에 중장, 소장급 장성들을 포진시키고 위세를 부렸다. 경호실에 근무하는 장성들에게는 나치 독일 친위대를 연상케 하는 군복을 입게 했다. 박정희 대통령이 경호실 작전차장보 노태우 소장과 악수를 나누는 모습. 한 사람 건너 전임 작전차장보 전두환 소장의 모습이 보인다.

朝鮮日報

朴正熙大統領 逝去

○故 朴正熙 대통령

朴正熙대통령이 26일 오후 7시50분 金載圭 전 중앙정보부장이 쏜 銃彈에 맞아 逝去했다. 享年 62세. 대통령이 凶彈에 맞아 逝去한 것은 史上 처음. 이에따라 崔圭夏국무총리가 憲法 제48조 규정에 따라 大統領 권한대행에 취임됐으며, 崔권한대행은 27일 새벽 4시를 기해 全國에 非常戒嚴을 선포했다.

車智澈 警護室長과 말다툼하던
金載圭 前情報部長이 쏜 銃彈에

金前部長 구속
車실장등 5명도 死亡

26일 저녁 7시50분에
宮井洞情報部식당서

金文公 발표全文

동요말고 團結로 難局 극복을

崔大統領代行담화
公務員·軍·警 所任 충실히

外勢의 事態 악용 不容

"領導力 길이 기억" 커터 用意

聞慶炭鑛에 불
鑛夫 百26명 갇혀

金情報部長 해임

北傀도발 즉각 분쇄

盧國防 3軍首腦 非常時局 경의문 발표

朝鮮漫評

박정희 대통령의 부관인 이광형이 백석주 육사 교장에게 전화를 걸었다.

"여기 청와대인데요."

"웬일입니까?"

"교장님 혼자서만 아시고요. 지금 빨리 사람을 내무반에 보내서 지만 생도를 깨워주십시오. 청와대로 보내주세요."

"무슨 일입니까?"

"더 이상 묻지 마시고 각하께서 찾으시니까 빨리 보내주세요. 그리고 절대 보안해 주십시오."

육사 생도대장이 박지만 생도를 깨워 차에 태웠다. 지만은 '날이 밝으면 토요일이라 외출을 나가게 되어 있는데 왜 찾으실까. 아버님께서 또 나를 혼낼 일이 있으신가' 하고 의아한 생각에 잠긴 채 청와대로 달려 갔다. 청와대 본관에 도착하니 의장대, 향냄새, 그리고 서성대는 사람들이 보였다. 마중 나온 이광형 부관에게 그는 "아니, 왜 이래요?"라고 물었다.

"각하께서 돌아가셨습니다. 이리 와서 분향부터 하십시오."

그 순간 아들은 비틀했다.

660

국민으로서는 열여덟 해나 받든 지도자요

개인으로는 서른 해나 오랜 친구,

하느님! 하찮은 저의 축원이오나

인류의 속죄양, 예수의 이름으로 비오니 그의 영혼이 당신 안에 고이 쉬게 하소서.

이 세상에서 그가 지니고 펼쳤던

그 장한 의기(義氣)와 행동력과 질박(質朴)한 인간성과

이 나라 이 겨레에 그가 남긴 바

그 크고 많은 공덕의 자취를 헤아리시고

하느님, 그지없이 자비로우신 하느님!

설령 그가 당신 뜻에 어긋난 잘못이 있었거나

그 스스로가 깨닫지 못한 허물이 있었더라도

그가 앞장서 애쓰며 흘린 땀과

그가 마침내 무참히 흘린 피를 굽어보사

그의 영혼이 당신 안에 길이 살게 하소서.

– 구상, 진혼축(鎭魂祝)

1979년 11월 3일 박근혜, 박지만, 박근영 세 남매는 아버지에게 마지막 인사를 했다. 그들의 앞날에는 험한 파도가 기다리고 있었다.

제5부

語

박정희 100대 어록

錄

'소박하고 근면하고 정직하고 성실한 서민사회가 바탕이 된 자주독립된 한국의 창건, 그것이 본인의 소망의 전부다. 본인은 한마디로 서민 속에서 나고 자라고 일하고 그리하여 그 서민의 인정 속에 생이 끝나기를 염원한다.'

'가난은 본인의 스승이자 은인이다. 그러기 때문에 본인의 24시간은 이 스승, 이 은인과 관련 있는 일에서 떠날 수 없는 것이다.'

– 박정희 저《국가와 혁명과 나》중에서

정치 · 민주주의

001

소박하고, 근면하고, 정직하고, 성실한 서민사회가 바탕이 된, '자주독립된 한국의 창건' 그것이 본인의 소망의 전부다.

– 《국가와 혁명과 나》(1963.9.1)

002

나는 일하는 대통령이 될 것을 국민 앞에 약속한다. 도시 건설도 내가 직접 살필 것이며, 농촌의 경지(耕地) 정리도 내가 직접 나가서 할 것이다. 산간의 조림(造林)에도 내가 앞장설 것이며, 전천후 농토 조성에도 내 힘을 아끼지 않을 것이다. 어업전진기지나 공장 건설에도 더욱 부지런히 찾아다녀 그 진도를 격려할 것이며, 기공·준공식에도 쉬지 않고 참석할 것이다. 그리하여 '민족자립'에 도움이 되는 일이라면 무슨 일이든지 착수하여 자립의 길을 단축시켜 나갈 것이다.

– 제6대 대통령 선거 방송연설(1967.4.15)

003

외국에서 들여오는 주의, 사상, 정치제도를 우리 체질과 체격에 맞추어서 우리에게 알맞은 사회를 만들자는 것이 내가 주장하는 민주주의다. 우리는 서양 사람들이 입는 양복을 그대로 입을 수는 없다. 저고리 소매도 잘라 내고 품도 줄여야 입을 수 있지 않은가? 민주주의도 바로 이와 같이 우리 실정에 맞추어야 한다.

- 제5대 대통령 선거 서울 유세(1963.9.28)

004

외국에선 그것이 아무리 좋은 민주주의라도, 서구 제국(諸國)에선 가장 알맞은 그런 제도였을지 모르겠지만, 그것을 우리나라에 갖다가 완전히 밀감을 만들기 위해서는 여러 가지 여건을 잘 만들어 줘서 어느 시기에 가서 접목을 시켜서 이것이 완전히 우리나라에서 밀감이 될 수 있도록 해야 되는 것이지, 그냥 갖다 여기에 꽂아 놓는 것은 민주주의가 되지 않고 탱자 민주주의가 된다.

- 제5대 대통령 선거 진주 유세(1963.10.7)

005

민주주의를 아끼고 사랑하는 마음이 간절하면 할수록 우리는 먼저 그 소중한 민주주의가 발전할 수 있는 토양을 정성껏 열심히 가꾸어 나가야 한다. 그 토양이 바로 국력이다. 국력이 배양되어야만 민주주의의 꽃은 만개(滿開)할 수 있는 것이다.

- 제9대 국회 개원식 치사(1973.3.12)

006

남에게 민주주의를 강요하기 전에 자기 자신이 훌륭한 민주시민이 되어야
한다. 새삼스럽게 민주주의에 대한 올바른 인식을 가져야 하겠다는 것이며,
민주시민의 훈련을 해야 하겠다는 것이다. 이러한 노력 없이는 민주주의 사
회나 민주주의 정치의 건설은 어려운 것이며, 민주주의의 꽃은 피지 않는 것
이다.

- 방미 후 귀국인사(1965.5.27)

007

민주주의의 본질은 한마디로 '법의 지배'로 요약될 수 있다. 법은 질서를 유
지하고 사회정의를 실현하는 치정(治政)의 지표(指標)며, 국민의 참다운 자
유와 국리민복(國利民福)의 증진을 보장하는 사회의 행동기준이요, 방패인
것이다.

- 법의 날 치사(1969.5.1)

008

큰 자유를 지키기 위해서는 작은 자유는 일시적으로 이를 희생할 줄도 알고
또는 절제할 줄도 아는 슬기를 가져야만 큰 자유를 빼앗기지 않을 것이다.

- 국군의 날 유시(1974.10.1)

009

아무리 좋은 이념을 헌법에 제도화하여 완벽을 기한다 할지라도 그 성공적 운영은 주권자의 현명과 용기에 달려 있다는 헌정사의 교훈을 우리는 다시금 되새겨 나가야 한다.

- 제헌절 경축사(1964.7.17)

010

사회의 불의(不義)를 절차와 법에 의하지 아니하고, 시민의 감정으로 시정해 보겠다는 조급성은 또 새로운 불의를 가져온다는 것을 명심해야 한다.

- 제7대 국회의원 총선 처리 특별담화문(1967.6.16)

011

야당이 정부시책에 대해서 무슨 일이든지 자유롭게 비판할 수 있고, 우리나라 언론이 정부시책에 대해서 무엇이든지 자유롭게 비판할 수 있는 그런 정부는 독재정권이 아니다.

- 제6대 대통령 선거 유세(1967.4.17)

012

앞으로 누가 대통령이 되든, 오늘날 우리 야당과 같은 반대를 위한 반대의 고질이 고쳐지지 않는 한, 야당으로부터 오히려 독재자라고 불리는 대통령이 진짜 국민 여러분을 위한 대통령이라고 나는 생각한다.

- 국민투표 실시에 즈음한 특별담화문(1969.10.10)

013

민주주의는 야당만이 알거나 정치인만이 아는 특수지식이 아니라, 농민이나 상인이나 누구나 다 알고 있는 상식이며, 우리의 보편적 행동규범인 것이다.

– 국민투표 실시에 즈음한 특별담화문(1969.10.10)

014

대여(對與)투쟁을 극한적으로 벌이는 것만이 소위 말하는 '선명야당이다'라는 자세부터 고쳐 나가야 한다.

– 기자회견(1966.12.17)

015

토지가 국민이라면 지도자는 비료에 지나지 않는다. 여기서 종자(種子)는 민족의 이상이 될 것이다.

–《민족의 저력》(1971.3.1)

휴전선 철책선을 점검하는 박정희 대통령. 국민들은 박정희 대통령을 '경제대통령'으로 기억하고 있지만. 박 대통령이 가장 관심을 가진 것은 국가안보였다. 김정렴 전 대통령 비서실장은 "박정희 대통령의 관심 가운데 80%는 안보였고, 20%가 경제였다"고 술회했다. 박정희 오른쪽 뒤로 차지철 경호실장이 보이는 걸로 보아 1970년대 중반 이후에 찍은 사진으로 보인다.

국방

016

스스로 돕고 스스로 일어나서 스스로를 지킬 줄 아는 자조(自助) 자립(自立) 자위(自衛)의 정신이 박약한 민족은 언제나 남의 침략을 당하여 수난을 면치 못했다는 것이 인류 역사의 교훈이다.

– '한국 안보에 관한 한미 간 협의'의 종결에 즈음한 특별담화문(1971.2.8)

017

자유는 그것을 위해 투쟁하는 자만이 누릴 수 있는 것이며, 평화는 그것을 지킬 수 있는 자의 것이다.

– 아시아태평양 각료회의 치사(1966.6.14)

018

무방비 상태의 자유는 압제를 자초하는 법이며, 힘이 없는 정의는 불의의 노예가 되고 만다.

– 향토예비군 창설식 유시(1968.4.1)

019

참다운 평화수호의 길은 평화를 지킬 수 있는 힘을 비축하고, 어느 때나 그 힘을 행사할 수 있다는 의연한 결의를 침략자에게 보여주는 데 있다.

– 국방대학원 졸업식 유시(1968.7.23)

020

아무리 방대한 국력을 자랑하는 나라라도 안일과 태평 속에 연약해지고 방종에 흐를 때에는 세계사의 무대에서 후퇴하지 않을 수 없다.

– 향토예비군 창설식 유시(1968.4.1)

021

우리는 죽을 수 없다. 나도 살아야 하고, 너도 살아야 하고, 민족도 살아야 하고, 조국도 살아야 한다. 살기 위해서는 죽음을 각오하고 싸우는 길밖에는 없다.

– 서울대학교 졸업식 유시(1968.2.26)

022

민족의 생존권은 절대불가침의 천부적(天賦的) 권리다. 그러나 이 권리는 결코 남이 지켜주는 것이 아니며, 또한 지켜줄 수도 없는 것이다. 자주·자조·협동의 정신이 바로 집단안전보장의 기본이 된다는 것은 명백하다.

– 국군의 날 유시(1973.10.1)

023

국방이나 경제는 사람이 하는 일이다. 따라서 성패는 역시 사람에게 달렸다고 해야 하겠다. 즉 건실하고도 강인한 정신력을 구비한 사람이 필요하다. 제군들이 앞으로 지휘할 군대도 강인한 정신력을 구비한 군대를 만들어야 하겠다. 투철한 국가관, 왕성한 책임감, 그리고 싸우면 반드시 이기는 군대를 만들라는 것이다.

– 육군사관학교 졸업식 유시(1979.4.3)

024

대통령의 직책 중에 무엇보다도 우선해야 할 일이 곧 국가의 안전보장이다. 이 책임은 누구에게도 위임할 수 없으며, 전가(轉嫁)할 수도 없다. 따라서 국가안보상 위험도의 측정은 전적으로 나에게 주어진 의무인 것이다. 또한 위험도 측정에 따라 적절한 조치를 적시에 강구하여야 할 책임도 바로 나의 안보상의 1차적 책임일 것이다.

– 국가비상사태 선언에 즈음한 특별담화문(1971.12.6)

025

나를 버려 겨레를 구하고, 목숨을 던져 조국을 수호하는 군인의 길, 그것은 정녕 한 인간이 국가와 민족을 위해 기여할 수 있는 가장 위대한 공헌인 것이다.

- 공군사관학교 졸업식 유시(1965.2.24)

026

군(軍)이 정치에 관여하지 않을 뿐만 아니라 정치인들도 군에 간섭하지 않아야 군이 엄정한 중립을 유지할 수 있습니다.

- 제1군 사령부 장병들 앞에서의 연설(1963.3.7)

외교

027

우리의 주체적인 역량, 우리의 자주적인 결단 없이 국제정세가 이렇게 변한다고 해서 이렇게 따라가고, 저렇게 변한다고 저렇게 흔들리고, 좌고우면(左顧右眄) 우왕좌왕(右往左往)하는 외교라는 것은 있을 수가 없다.
– 연두기자회견(1972.1.11)

028

우리는 우리를 해치지 않는 자에 대해서는 언제나 이들을 우리의 친구로 받아들일 것이다. 그러나 우리를 해치려는 자에 대해서는 그 누구와도 감연히 대결하여 끝까지 싸울 의연한 자세를 지킬 것이다.
– 광복절 경축사(1971.8.15)

박정희 대통령은 소년 시절부터 충무공 이순신 장군의 숭배자였다. 충무공 탄신일인 4월 28
일이면 매년 아산 현충사를 찾아가 직접 제사를 지냈다. 당시 충무공 탄신일 행사는 4대 국
경일 못지않은 국가적 행사였다. 지구온난화가 시작되기 전이라, 경남 진해에서는 4월 28일
에 맞춰 군항제라는 이름의 벚꽃축제를 했다. 한산도를 비롯한 전국의 충무공 관련 유적지들
이 정비되었다. 1969년 4월 27일에는 서울 세종로에 충무공의 동상이 세워졌다. 당대 최고
의 조각가였던 김세중씨가 제작을 맡았다.

029

오늘의 국제정세는 우리로 하여금 과거 어느 때보다도 일본과의 국교정상화를 강력히 요구하고 있다. 오늘날 우리가 대치하고 있는 적은 국제 공산주의 세력이다. 우리는 이 나라를 어느 누구에게도 다시 빼앗겨서는 안 되지만, 더욱이 공산주의와 싸워 이기기 위하여서는 우리와 손잡을 수 있고 벗이 될 수 있다면 누구하고라도 손을 잡아야 한다. 우리의 자유와 독립을 수호하고 내일의 조국을 위해서 도움이 될 수 있는 일이라면, 어려운 일이기는 하지만 과거의 감정을 참고 씻어버리는 것이 진실로 조국을 사랑하는 길이 아니겠는가.

– 한일회담 타결에 즈음한 특별담화문(1965.6.23)

030

나는 우리 국민의 일부 중에 한일교섭의 결과가 굴욕적이니, 저자세니, 또는 군사적 경제적 침략을 자초한다는 등 비난을 일삼는 사람들이 있다는 것을 알고 있다. 심지어는 매국적이라고 극언을 하는 사람이 있다.
그러나 만일 그들의 주장이 진심으로 우리가 또다시 일본에 침략을 당할까 두려워하고, 경제적으로 예속이 될까 걱정을 한다면 나는 그들에게 묻고 싶다. 그들은 어찌하여 그처럼 자신이 없고 피해의식과 열등감에 사로잡혀서 일본이라면 무조건 겁을 집어먹느냐 하는 것이다. 이와 같은 비굴한 생각, 이것이 바로 굴욕적인 자세라고 나는 지적하고 싶다. 일본 사람하고 맞서면 언제든지 우리가 먹힌다 하는 이 열등의식부터 우리는 깨끗이 버려야 한다.

– 한일회담 타결에 즈음한 특별담화문(1965.6.23)

031

급격한 변화에 부닥치면 약한 자는 이것을 두려워하고, 굳센 자는 이것을 지혜롭게 포착하여 새로운 발전의 발판으로 삼는 법이다. 이제 우리는 변천하는 국제정세에 성급한 낙관을 해서는 안 된다. 그렇다고 지나치게 비판을 할 필요도 없다. 오직 자주·자립·자위의 민족주체성을 더욱 가다듬어 강인한 민족으로서의 용기와 예지(叡智)를 발휘하여 오늘의 현실을 중흥과 약진의 계기로 만들어 나가야 한다.

– 광복절 경축사(1971.8.15)

032

국제질서가 재편성되는 과도기에는 항시 힘의 공백상태가 생기기 쉬운 것이며, 이러한 상황을 악용하려는 측으로서는 전쟁 도발의 기회라고 오판(誤判)할 가능성이 많은 것이다.

– 국방대학원 졸업식 유시(1971.7.20)

통일 · 북한

033

통일은 민주한국을 거점으로 해서 북한동포에게 자유와 광복을 가져다 주는 민족적 과업인 것이며, 국토의 북반(北半)에 대한 자유의 선포며, 전 국토의 민주화인 것이다.

– 광복절 경축사(1967.8.15)

034

통일을 안 했으면 안 했지, 우리는 공산식으로 통일은 못 하겠다. 통일이 된 연후에 북한 땅에다가 자유민주주의의 씨를 심을 수 있는 민주적인 통일을 하자는 것이다.

– 제6대 대통령 선거 유세(1967.4.23)

박정희 대통령은 1972년 12월 1일 남북조절위원회 1차 회의 참석차 서울을 방문한 박성철 북한 부수상(왼쪽) 등을 만났다. 이 자리에서 박정희 대통령은 "남북이 평화적으로 통일되어야 한다는 데 찬성한다"고 말했지만, 북한 공산주의자들에 대한 경계심은 조금도 늦추지 않았다.

035

통일이 우리 민족의 숙원이고, 우리가 아무리 통일을 열망한다 하더라도 현실 여건을 똑바로 이해하지 못하고 비현실적인 통일론이라든지, 또는 감상주의에 젖은 통일론을 앞세워 왈가왈부한다는 것은 위험한 짓이다.

– 연두기자회견(1971.1.11)

036

우리는 반드시 통일의 시기가 앞당겨질 돌파구가 생기리라고 믿고 있다. 즉 북한에 있어서도 필연적으로 닥쳐올 자유화의 물결이 바로 그것이다. 공산 진영에 있어서의 자유화의 물결이 바로 그것이다. 공산 진영에 있어서의 자유화의 물결은 그 어떤 독재가 개인의 아집과 횡포로써 막기에는 너무나 큰 역사의 조류라고 나는 판단하고 있다.

– 《민족의 저력》(1971.3.1)

037

북한 공산주의자들과의 대결에 있어서 이제부터 시작되는 '대화 있는 대결'이 어느 의미에서는 지금까지의 '대화 없는 대결'보다 오히려 더 복잡하고 어려운 일이다. 새로운 시련에 직면하는 이런 때일수록 우리는 확고한 자신을 가지고 민족적 자각을 바탕으로 더욱 굳게 단결해야 하겠다. 만의 일이라도 '대화'가 곧 '평화'나 '통일'을 가져오는 것으로 착각하여, 동요하거나 안이한 생각에 사로잡히는 일이 있어서는 결코 아니 되겠다.

– 군 지휘관들에게 보낸 친서(1972년 7·4공동성명 직후)

038

북한 위정자들이 우리와 핏줄이 같다고 생각하는 것은 오산이다. 술을 마실 때에도 상대방이 공산당이라는 사실을 잊지 마라.

- 남북적십자 본회담 시 지침(1972.8)

039

자기 나라를 자기들의 힘으로 지키겠다는 결의와 힘이 없는 나라는 생존하지 못한다는 엄연하고도 냉혹한 현실과 진리를 우리는 보았다. 남이 도와주려니 하고 그것만을 믿고 나라 지키겠다는 준비를 갖추지 못하고 있다가 망국의 비애를 겪는 역사의 교훈을 우리 눈으로 보았다. 조국과 민족과 나 자신을 지키기 위해서는 여하한 희생도 불사하겠다는 결의와 힘을 배양하지 않으면 망국하고 난 연후에 아무리 후회해 보았자 후회막급일 것이다.… 지키지 못하는 날에는 다 죽어야 한다.

- 월남 패망하던 날의 일기(1975.4.30)

040

우리가 참는 데에도 한계가 있다. 미친개한테는 몽둥이가 필요하다. 우리가 그들로부터 언제나 일방적으로 도발을 당하고만 있어야 할 아무런 이유도 없다. 이제부터는 그들이 또다시 불법적인 도발을 자행할 경우, 크고 작고를 막론하고 즉각적인 응징 조치를 취할 것이며, 이에 대한 모든 책임은 전적으로 그들 스스로가 져야 할 것이다.

- 육군 제3사관학교 졸업식 유시(1976.8.20)

경제

041

개발도상의 나라에 있어서 정치의 초점은 곧 경제 건설이며, 민주주의도 경제 건설의 토양 위에서만 자랄 수 있는 것이다.

– 국민에게 보내는 신년 메시지(1968.1.1)

042

현대는 무역의 시대다. 한 나라의 수출역량은 그 나라의 국력의 총화(總和)요 척도가 되고 있으며, 수출을 많이 하는 나라일수록 남보다 먼저 번영과 안정을 이룩하고 발전을 거듭하고 있다.

– 수출의 날 치사(1969.12.1)

수출전략의 설계자로 알려진 당시 상공부 장관 박충훈은 회고록에서 박 대통령을 '수출전선의 총사령관'으로 묘사했다.

"대통령이 무엇보다 수출을 중요시하고 강력하게 지원했기 때문에 상공부에서는 수출만이 살길이다, 수출이 제일이다 하는 것을 내세우고 수출하는 게 곧 애국하는 것이며 수출공장에서 바느질하는 여공까지 깡그리 애국자라는 것을 강조하기에 이르렀다."

우리나라가 연간 수출액을 1억 달러 이상으로 끌어올린 것이 1964년이다. 1억 달러를 넘어선 날인 11월 30일은 '수출의 날'이 됐다. 사진은 구로공단 해외 수출산업단지의 가발공장에서 여공들이 일하는 모습이다. 이들 덕분에 대한민국이 파산이라는 국가위기에서 벗어날 수 있었다.

043

수출은 원대한 안목을 가지고 착실히 계획하고, 줄기차게 실천해야 한다. 목전의 조그만 이익보다는 내일에 얻을 수 있는 큰 이익을 생각하고, 나 한 사람이나 우리 회사의 이익보다는 국가와 민족 전체의 이익을 앞세울 줄 아는 참다운 기업가 정신이 있어야 한다.

- 수출의 날 치사(1966.11.30)

044

만일 우리가 오늘 하루를 허송하여 과학기술진흥을 소홀히 한다면 남보다 1년 뒤떨어지게 될 것이며, 1년을 아무 노력 없이 보낸다면 10년, 또는 20년 이상의 후퇴를 면할 수 없을 것이다.

- 과학의 날 담화문(1970.4.21)

045

노동은 빈곤을 물리치는 최강의 무기며, 자립경제 건설과 근대화 과업의 원동력이다.

- 한국노총 대의원대회 치사(1966.10.27)

046

시대와 환경의 변천에 관계없이 노동은 인간이 가진 가장 근원적인 생활무기이다.

– 근로자의 날 치사(1966.3.10)

047

나라가 흥하여야 기업이 번영하고, 기업이 번창하여야 근로자의 생계와 복지가 향상된다.

– 기업인에게 보내는 친서(1979.2.4)

048

모든 기업인은 자기가 운영하는 기업체가 단순히 자기 개인의 소유물이라는 관념을 떠나서, 국가와 민족의 기업체를 자기가 맡아서 경영하고 있다는 소위 기업의 윤리성, 기업의 사회성을 철저히 인식해야 할 것이다.

– 근로자의 날 치사(1970.3.10)

049

잘살고 부강한 나라는 예외 없이 그 나라의 강산이 푸르고, 산림이 잘 보호되어 있음을 볼 수 있다. 반대로 가난하고, 헐벗고, 못사는 나라일수록 산에 나무가 없고, 산림이 보호되어 있지 않고, 헐벗은 모습을 드러내고 있는 것이다.

– 식목일 치사(1966.4.5)

행정

050

공무원은 국민의 소리를 들을 줄 알아야 하고, 또 듣고 이유 있다고 생각하면 해결해 주어야 한다.

– 전국지방장관회의 유시(1968.3.7)

051

정부와 국민이 유리(遊離)되고, 서로가 불신하는 곳에서는 국가와 사회의 번영도 발전도 있을 수 없다.

– 전국지방장관회의 유시(1964.4.29)

여의도(汝矣島)는 오랫동안 버려진 땅이었다. '여의'란 "너나 가져라"라는 의미라는 이야기가 있을 정도였다. 모래가 날리는 이 섬에 일제시대에 비행장이 들어섰다. 1968년 정부는 여의도 개발 계획을 발표했다.

1972년 4월 신문에 실린 서울시의 광고를 보면 '국제 상위도시로 발전하는 수중도시 여의도' '모든 생활여건이 완비된 정치·경제·문화의 중심지가 되는 도시'라는 표현이 보인다. 당시 계획을 보면 국회의사당뿐 아니라 서울시청, 국방부, 통일교회 등이 여의도에 들어서는 것으로 되어 있었다. 여의도 개발은 '근대화'의 또 다른 상징이었다. 박정희 대통령은 1968년 4월 30일 여의도 개발현장을 시찰했다. 박 대통령의 이러한 관심을 반영해 여의도 중심부에 조성된 광장은 '5·16광장'으로 명명되었다.

052

자신의 안일이나 소아(小我)의 전도(前途)나 소위 출세 등에 집념하여 적당히 처세하려는 따위의 사고를 가진 자는 우리의 현실 앞에 아무런 필요도 없으며, 길이 후세에 욕된 이름을 씻지 못할 것이다.

- 지방장관회의 유시(1964.4.29)

053

"우리 돈으로 하는 것이 아니니까 적당히 해도 괜찮다. 실패해도 밑져야 본전이다" 하는 그런 생각은 절대로 가져서는 안 된다는 것이다. 이제부터는 사업 하나하나를 전부 이런 식으로 검토해 나가면서, 거기에서 뚜렷한 결론이 나왔을 때 투자를 하고, 또 많은 투자를 해서 효과를 별로 얻지 못하는 투자보다는 적은 투자로써 많은 효과를 거둘 수 있는 사업을 우선적으로 선정해야 되겠다는 것이다.

- 지방장관회의 유시(1969.11.13)

054

우리의 적은 빈곤과 부정부패와 공산주의다. 나는 이것을 우리의 3대 공적(公敵)으로 생각한다. 빈곤은 생존을 부정할 뿐만 아니라 인간의 천부적인 개성을 억압하고 정직과 성실과 창조력을 말살하는 것이며, 부정부패는 인간의 양심과 친화력을 마비, 저해하는 것이며, 공산주의는 우리의 자유와 인권과 양심을 파괴하는 것이다.

- 제6대 대통령 취임사(1967.7.1)

몇 해 전 여름인가로 기억하는데 아마 몇십 년 만에 처음이라는 심한 가뭄이 계속되고 있을 때 우연한 기회로 청와대에 들어가 박 대통령을 뵈온 적이 있었다. 그때 박 대통령이 전보다 유난히 수척해 있는 모습을 보고 외람되지만 그 연유를 물었다. 박 대통령은 그때 조용히 그리고 꾸밈없이 이렇게 대답하시는 것이었다.

"비 오는 소리를 듣고 자려니 이제나저제나 하다가 새벽까지 기다리게 되지요. 그러다 잠을 설친 탓인지 끝내 잠을 자지 못하면 술을 좀 마시곤 해서 그런 것 같습니다."

그로부터 며칠 뒤 흡족한 비가 내렸고 그 무렵 청와대의 한 비서관으로부터 전해 들었는데 첫비가 내리던 날 밤 대통령이 내의 바람으로 뜰에 나와 눈물을 흘리며 혼잣말로 고맙다고 하며 기뻐하더라는 것이었다.
- 이갑성(독립운동가)《평범 속의 비범한 인품》

언론

055

언론이 없는 시간부터 세상은 암흑천지가 되는 것도 사실이지만, 세상에는 신문이 나라를 망치고 있다는 소리도 있고, 이 사회의 혼란은 신문에도 상당한 책임이 있다는 소리도 있다. 이런 소리가 다만 하나의 잠꼬대에 불과한 것이겠는가? 우리나라 신문은 지난 15년간 선의이건 악의이건 너무나 많이 국민들을 자극했고, 선동적인 언사(言辭)를 써왔다. 이렇게 해서 경영상 수지는 맞추어왔을지 몰라도 국가사회에 유익한 일만 해왔다고 단언할 사람이 누구이겠는가?

- 시국수습에 관한 교서(1964.6.26)

056

바르게 알도록 하고, 바르게 판단하도록 하고, 바르게 행동하도록 하는 무거운 책임이 바로 우리 언론에 있다.

- 신문의 날 치사(1967.4.5)

057

언론의 자유는 정부 이전에 확립되어 있고, 어떠한 나라도 언론의 자유만은 구속할 수 없다는 계몽시대의 논리가 아직도 이 나라에 활개 치고 있다면, 나는 서슴지 않고 명백하고도 현존하는 위기하에서의 언론의 자유는 이를 제한할 수 있다는 30년 전에 미국이 확립한 판례를 인용하고자 한다. 문제는 국가의식이다. 이것이 과연 국가의 발전에 도움이 되느냐 안 되느냐 하는 주체적 판단 말이다.

- 한국신문발행인협회총회 치사(1965.10.16)

058

언론이 자유를 빙자하여 그 스스로의 권리를 남용하고, 무책임한 방언(放言)을 일삼으며, 횡포를 자행하는 것보다 더한 위험은 없다. 이것은 어느 모로는 정부의 관권(官權) 남용이나 횡포보다도 오히려 더한 손해를 가져오는 것이며, 이것이야말로 조국의 근대화를 정면으로 저해하는 암이기도 한 것이다.

- 한국신문발행인협회총회 치사(1965.10.16)

059

언론의 자유를 보장한다는 것과 언론의 무책임한 자유, 왜곡된 자유, 과잉된
자유를 방치한다는 것은 스스로 구분되어야 한다.

- 시국수습에 관한 교서(1964.6.26)

060

자유가 책임을 수반하고 있다는 일반 원칙은 언론의 경우에도 결코 예외가
될 수는 없는 것이다.

- 신문의 날 치사(1966.4.6)

박정희 대통령은 1975년 10월 1일 서울 능동에 새로 세워진 어린이회관 개관식에 참석한 후 어린이들과 함께 시간을 보냈다. 박정희 대통령은 어린이회관 건립에 깊은 관심을 기울여 온 육영수 여사를 생각해 이날 행사에 직접 참석했다.

교육 · 문화

061

학생들은 내일의 주인공이지, 결코 오늘의 주인공은 아니다.

- 학원질서 회복에 즈음한 담화문(1971.10.30)

062

교육의 성과는 비록 물질적인 생산이나 건설의 성과처럼 당장 눈앞에 나타나지는 않을지라도 거목을 키워가는 은은한 지하의 물줄기처럼, 국가발전의 저력(底力)이며 역사발전의 밑거름으로서 영구불멸의 가치를 지니고 있는 것이다.

- 종합교육센터 기공식 치사(1971.4.14)

063

정치적 · 경제적 예속이 민족의 참을 수 없는 굴욕인 것과 마찬가지로 문화적인 예속은 민족의 종장(終章)을 의미한다.

- 백제문화제 치사(1965.10.9)

초등학교 교사 출신인 박정희 대통령은 그림도 잘 그렸다. 경부고속도로 계획안(사진)을 스케치했다. 윤영호 전 국가기간고속도로 계획조사단원은 "청와대 집무실 벽에는 온통 지도가 가득했고, 박 대통령이 장관과 시·도지사를 불러 자신이 직접 지도 앞에서 설명하기도 했다"고 회고했다. 박 대통령은 후일 새마을운동을 할 때에는 시골 농로(農路)를 그림으로 그려 내무부 장관에게 내려보내기도 했다.

자립

064

인간사회는 어떠한 도전을 받지 않으면 발전이 없는 법이다.

– 광복절 경축사(1968.8.15)

065

옛적부터 위대한 영광의 역사를 남긴 민족에게는 하늘이 먼저 어려운 시련을 준다고 했다. 그 시련을 극복한 민족에게는 영광이 있고, 그 시련을 극복하지 못한 민족에게는 패배가 있을 뿐이다.

– 장관·시장·도지사 연석회의 유시(1968.12.5)

066

역사는 언제나 난관을 극복하려는 의지와 용기가 있는 국민에게 발전과 번영과 영광을 안겨다 주었다.

- 충무공탄신기념식 추념사(1967.4.28)

067

"안 된다"고 생각하는 사람은 영원히 못하는 사람이다. "될 수 있다. 할 수 있다"는 자신과 의욕이 있는 사람만이 할 수 있다.

- 연두기자회견(1971.1.11)

068

우리가 진실로 두려워해야 할 것은 목전의 시련과 고난이 아니며, 시련과 고난 앞에 굴복하는 실의(失意)와 체념인 것이다.

- 근로자의 날 메시지(1964.3.10)

069

미래에 사는 현명한 민족에게는 실의가 있을 수 없고, 사명을 깨닫는 세대에게는 좌절이 있을 수 없다.

- 5·16민족상 시상식 치사(1970.5.16)

070

중단하는 자는 승리하지 못하며, 승리하는 자는 중단하지 않는다.

- 연두교서(1966.1.18)

071

승리는 미래에 사는 편에 있고, 희망과 용기로써 전진하는 편에 있는 것이다.

- 서울대 졸업식 치사(1967.2.27)

072

"양반은 얼어 죽어도 곁불을 쬐지 않는다"는 속담이 있지만, 이러한 체면치레는 우리의 "잘살아 보겠다"는 노력을 가로막는 큰 병통이다.

-《월간 새농민》특별기고(1971.4.15)

073

농사는 하늘이 지어주는 것이 아니라 인간의 지혜와 노력으로 짓는 것이다.

- 연두교서(1966.1.18)

074

"하늘은 스스로 돕는 자를 돕는다"는 말이 있다. 스스로 살아보겠다고 노력하고, 부지런하게 일하는 농민은 하늘도 도와주는 법이다. 그러나 자조정신이 강하지 못한 농민은 하늘도 도울 수 없고, 정부도 도울 수 없고, 이웃도 도울 수가 없는 것이다.

- 권농일 치사(1970.6.10)

075

'새마을가꾸기운동'이란 한마디로 앞으로 정부가 농어촌에 투자하는 데 있어 주민들의 자조정신, 참여의식, 협동성, 단결심, 근로정신이 왕성한 지역에 우선적으로 투자해서 이런 부락부터 빨리 일으켜 점차 다른 지역에도 확대토록 하자는 말하자면 경제개발과 정신계발의 병행운동으로서 국가발전의 기본 개념인 것이다.

- 전국 시장 · 군수 비교행정회의 유시(1971.9.17)

076

우리의 지금 형편으로는 오늘 쓰고 싶은 대로 모두 쓰고, 입고 싶은 대로 다 입고서 내일 잘되기를 바랄 수는 없다. 우리는 복되고 부유한 장래를 위해 우선 당분간은 쓰지 않고 아끼고 저축해야 할 것이다.

- 국민경제생활개선에 관한 담화문(1963.1.8)

077

낭비는 억만장자의 묘지며, 저축은 백만장자의 요람이다.

– 저축의 날 축사(1969.9.25)

078

아침 태양이 금시 떠올랐다고 해서 온 천지가 일시에 밝아지고 따뜻해지는 것은 아니다. 그것은 시간을 요한다. 서서히 하늘 중턱에 떠올라, 뜨거운 광열(光熱)로 내리쬐는 때라야 온 누리는 밝아지고 따뜻해지는 것과 마찬가지로, 한 해에 이룩한 경제건설의 성과가 아무리 크다 하더라도 우리 사회의 어두운 면이 일시에 밝아질 수는 없다.

– 연두교서(1966.1.18)

079

메말랐던 논에 물줄기를 대었다고 해서, 당장 바닥난 논에 골고루 물이 괼수는 없지 않겠는가? 우리는 한 말의 씨앗을 한 줌씩 미리 나누어 먹는 조급과 무지보다는, 이것을 심어 열 섬을 만들어 나누어 먹는 인내와 지혜가 있어야 할 것이다.

– 제6대 대통령 선거 방송연설(1967.9.23)

육영수 여사는 1972년 4월 28일 경기
도 양주군 수동면 수산2리 새마을부락 작
업 현장을 찾아가 새마을운동을 하고 있
는 여성들을 격려했다. 새마을운동을 하
는 과정에서 많은 여성이 새마을지도자로
활약했다. 한국, 그것도 보수적인 한국 사
회에서 여성이 사회운동에서 리더 역할을
하는 것은 역사에 없던 일이었다. 혹자는
새마을운동이 그 어떤 여성운동보다도 더
여성이 자신의 사회적 역할을 높이는 데
기여했다고 말한다.

080

어떤 사람은 자기가 대통령에 당선되면 큰 잔치를 베풀고 금시 국민을 호강시켜 줄 것같이 말하고 있지만, 그것은 다 하루 잘 먹고 아흐레는 굶어도 좋다는 생각을 하는 사람들의 말이다.

– 중앙방송을 통한 정견발표(1963.9.23)

081

선진국에 비해 너무나 뒤떨어진 우리가 아닌가? 우리는 그들이 한 시간 일할 때 열 시간을 일해도 부족하다. 우리는 그들이 한 가지 일을 할 때, 열 가지 일을 해도 충분할 수 없다.

– 신년 메시지(1966.1.1)

082

우리는 기적이라는 것을 믿지 않는다. 땀 흘려 일하면 일한 만큼의 노력의 대가와 보상이 있다는 것을 믿을 뿐이다.

– 신년사(1977.1.1)

083

우리에게 지금 가장 소중한 것은 시간이다. 선진국에 1세기 뒤떨어진 것을 우리는 앞으로 10년 이내에 회복하자는 것이다. 이것이 불가능하다고 포기하는 사람에게는 앞으로 1세기를 지나도 불가능할 것이다. 가능하다고 자신과 신념을 가진 사람에게는 반드시 가능한 일이다.

– 해외공관장에게 보내는 친서(1967.12.15)

084

세계의 경쟁 속에서 우리는 남이 쉴 때도 일해야 되겠고, 남이 걸을 때 달려야 한다.

- 1970년도 예산안 제출에 즈음한 시정연설(1969.11.25)

085

우리는 가난한 조국의 현실을 우리 조상의 잘못이라고 원망한 때가 있었다. 그러나 이제 우리는 우리의 조상을 원망하기에 앞서 우리 후손들에게 우리 자신이 원망 듣는 조상이 되지 않아야 할 것이다.

- 해외공관장에게 보내는 친서(1967.12.12)

086

우리가 잘사는 국민이 되고, 부강한 나라를 만들려면, 우리 모두가 말보다는 행동을 앞세울 줄 아는 무언(無言)의 실천가가 되어야 하고, 후손의 영광을 위해서 우리 자신의 고통을 참을 줄 아는 떳떳한 조상이 되어야 할 것이다.

- 한산대첩 기념식 치사(1966.9.16)

087

먼 훗날 우리 후손들이 오늘을 사는 우리 세대가 그들을 위해 무엇을 했고, 또 조국을 위해 어떤 일을 했느냐고 물을 때, 우리는 서슴지 않고 "조국 근대화의 신앙을 가지고 일하고, 또 일했다"고 떳떳하게 대답할 수 있도록 하자.

- 연두기자회견(1967.2.2)

088

남의 도움만을 바라는 자에게는 언제나 파멸의 비운이 기다릴 뿐이며, 스스로를 도우려는 사람에게는 반드시 자립의 영광이 찾아온다.

- 원호의 날 담화문(1966.6.1)

089

우리의 전진을 가로막는 제1차적인 적(敵)은 언제나 우리 자신 속에 있는 법이다. 전진에의 의욕을 좌절시키는 회의(懷疑)와 냉소와 부정(否定)이 바로 그것이다.

- 연두교서(1967.1.1)

090

사회의 어두운 면만을 보고 실의에 빠져, 정체(停滯)하는 유약한 자에 의해서 밝은 사회가 건설될 수는 없는 법이다.

- 서울대학교 졸업식 치사(1966.2.26)

091

"피와 땀과 눈물을 흘리자!" 기름으로 밝은 등(燈)은 오래가지 못한다. 피와 땀과 눈물로 밝히는 등만이 우리 민족의 시계(視界)를 올바르게 밝혀줄 수 있는 것이다.

- 《국가와 혁명과 나》(1963.9.1)

092

광부 여러분, 간호원 여러분, 모국의 가족이나 고향 땅 생각에 괴로움이 많을 줄로 생각되지만 개개인이 무엇 때문에 이 먼 이역에 찾아왔던가를 명심하여 조국의 명예를 걸고 열심히 일합시다. 비록 우리 생전에는 이룩하지 못하더라도 후손을 위해 남들과 같은 번영의 터전만이라도 닦아 놓읍시다.

– 함보른 탄광에서 파독 광부·간호사들에게 한 연설(1964.12.10)

093

국적이 없는 정신적 방랑아가 되어서는 안 된다. 나라와 나는 별개의 것이 아니라 하나다. 나라가 잘되어야 나도 잘되고, 나라가 부강해야 나도 부자가 되고, 나라가 영광을 누려야 나도 영광을 누리게 된다.

– 연두기자회견(1973.1.12)

094

한 세대의 생존은 유한(有限)하나, 조국과 민족의 생명은 영원한 것. 오늘 우리 세대가 땀 흘려 이룩하는 모든 것이 결코 오늘을 잘살고자 함만이 아니요, 이를 내일의 세대 앞에 물려주어 길이 겨레의 영원한 생명을 생동(生動)케 하고자 함이다.

– 서울대학교 총장에게 보내는 친서(1970.3.16)

포플러 나무를 안고 활짝 웃고 있는 박정희 대통령(1965년 3월 4일). 박정희 대통령은 나무를 사랑한 대통령이었다. 군인 시절에는 작전상 시야 확보를 위해 나무를 베라는 상관에게 "지금 우리 군이 해야 할 일은 나무를 베는 게 아니라 심는 것"이라고 항변했다. 지방 순시를 갔다가 어느 초등학교 운동장에 있던 나무가 보이지 않자 "저기에 있던 나무를 잘라낸 모양인데, 그 이유를 알아보라"고 지시하기도 했다.

095

5월 혁명은 단순한 변혁도, 외형적 질서 정비도, 새로운 계층 형성도 아닙니다. 상극(相剋)과 파쟁(派爭), 낭비와 혼란, 무위(無爲)와 부실의 유산을 조상과 선대로부터 물려받은 우리 불운의 세대가 이 오염된 민족사에 종지부를 찍고 자주와 자립으로 번영된 내일의 조국을 건설하려는 것이 우리 혁명의 궁극적 지표인 것입니다.

- 전역사(1963.8.20)

096

오늘의 소성(小成)은 내일의 대성(大成)을 위한 하나의 디딤돌이 되어야 한다. 우리는 이 디딤돌을 딛고 더욱 전진해야 한다.

- 해외무역관장회의 유시(1967.4.7)

097

조국을 사랑하지 않는 사람이 누가 있겠는가? 자기 민족을 위하는 마음이 누가 없겠는가? 문제는 조국을 어떻게 사랑하고 민족을 어떻게 위하느냐 하는 방법론일 것이다. 애국애족이란 관념으로만 되는 것이 아니고 말로만 되는 것이 아니다. 언행(言行)이 일치되어야 할 것이다.

- 방독(訪獨) 소감(1964.12.24)

098

입으로만 애국하는 사람이 너무 많은 사회는 곤란한 사회다.

- 국방대학원 졸업식 유시(1970.7.23)

099

군단에서 지시가 내려가면 말단 부대의 소대장에게 전달된다. 그 후 사병들이 일을 하게 된다. 일이 어떻게 되어가는지 물어보면 소대장은 현장에 가보지도 않고 전화로 중대장에게 '예, 명령 하달했습니다. 잘되어 갑니다'라고 보고한다. 중대장은 다시 대대장에게, 대대장은 연대장에게, 연대장은 사단장에게, 사단장은 군단장에게 이런 식으로 보고한다. 이래 가지고는 일이 안된다. 귀와 입으로 일하면 아무것도 되는 일이 없다. 다리와 눈으로 일하라. 명령은 5%이고 확인과 감독이 95%다.

– 3군단 포병단장 시절 부하 장교들에게 강조했던 말(오정석 예비역 육군 소장의 회고)

100

나는 물론 인간인 이상 나라를 다스리는 데 시행착오가 없지 않았다. 그러나 나는 당대의 인기를 얻기 위해서 일하지 않았고, 후세 사가(史家)들이 어떻게 기록할 것인가를 항상 염두에 두고 일해 왔다. 그리고 '어떻게 하면 우리도 다른 나라 부럽지 않게 떳떳이 잘살 수 있을까?' 하는 생각이 머리에서 떠난 일이 없다.

– 기자와의 환담(1977년 봄)

탄생 100주년 잊지 못할 100장면
그리운 박정희

–

초판 1쇄 발행 2017년 5월 8일
초판 2쇄 발행 2020년 4월 1일

–

발행인 이동한
글 《월간조선》 편집부
디자인 송진원
사진 조선DB

–

발행 (주)조선뉴스프레스
주소 서울시 마포구 상암산로 34 DMC 디지털큐브빌딩 13층
등록 제301-2001-037호   **등록일자** 2001년 1월 9일
구입문의 02-724-6794~8
편집문의 02-724-6815

–

값 10,000원
ISBN 979-11-5578-452-5